世界名人传记丛书

世界名人传记丛书

雅斯贝尔斯传

〔德〕汉斯·萨尼尔 著

倪梁康 译

商务印书馆
The Commercial Press
创于1897

Hans Saner
Karl Jaspers
Copyright © 1970 Rowohlt Taschenbuch Verlag GmbH,
Reinbek bei Hamburg

Chinese language edition arranged through
HERCULES Business & Culture GmbH, Germany.

本书根据 Rowohlt 出版社 1970 年版译出

雅斯贝尔斯（1883—1969）

世界名人传记丛书
新版说明

本馆出版名人传记渊源有自。上世纪初林纾所译传记可谓木铎启路，民国期间又编纂而成"英文世界名人传记"丛书，其后接续翻译出版传记数十种。及至二十世纪九十年代，汇涓成流，结集出版"世界名人传记丛书"，广为传布。

此次重新规划出版，在总结经验的基础上续写经典、重开新篇。丛书原多偏重学术思想领域，新版系统规划、分门别类，力求在新时代条件下赋予作品新价值、新理念、新精神。丛书分为政治军事、思想文化、文学艺术、科学发明以及除上述领域之外的综合类，共计五大类，以不同的封面颜色加以区分。

丛书所选人物均为各时代、各国家、各民族的名流巨擘，他们的业绩和思想深刻影响了世界历史进程，甚至塑造了世界格局和人类文明。所选传记或运笔于人物生平事迹，或着墨于智识求索，均为内容翔实、见识独到之作。读者于其中既能近观历史、反思现实，又能领悟人生、汲取力量。

我们相信名人传记的永恒魅力将为新时代的文化注入生机和活力。我们也期待能得到译界学界一如既往的支持，使此套丛书的出版日臻完善。

商务印书馆编辑部
2012 年 12 月

目　　录

一　生活　　　　　　　　　　　　　　／　　1
　　1. 童年　　　　　　　　　　　　　／　　1
　　2. 学习　　　　　　　　　　　　　／　 10
　　3. 最初的成就　　　　　　　　　　／　 17
　　4. 通向哲学之路　　　　　　　　　／　 23
　　5. 成熟的年代　　　　　　　　　　／　 31
　　6. 日耳曼的结局　　　　　　　　　／　 39
　　7. 错失了转机　　　　　　　　　　／　 48
　　8. 逍遥的隐士生活　　　　　　　　／　 57
　　9. 综观一生　　　　　　　　　　　／　 67
二　思想　　　　　　　　　　　　　　／　 69
　　1. 心灵的界限：心理病理学与心理学　／　 69
　　2. 思想家的王国：哲学史　　　　　／　 80

  3. 思维的广度：逻辑 / 88
  4. 生存的结构：生存哲学 / 104
  5. 对世界的关注：世界哲学 / 116
  6. 思想的发展 / 125

三 形象 / 131

  1. 人 / 131
  2. 研究者、教师、教育家 / 140
  3. 著述家 / 148
  4. 同时代人 / 155
  5. 哲学家 / 173

雅斯贝尔斯生平及著作年表 / 182

再版后记 / 185

一　生活

> "你不能以普通的尺子来衡量我的生活。"①

1. 童　年

卡尔·雅斯贝尔斯诞生于德国北海岸附近的奥尔登堡。

北部的风光景色不仅影响了雅斯贝尔斯的精神,而且影响了他后来的著作。这里是一望无际的低湿的平原,寥寥几座矮丘点缀其间,令人视野开阔。"我站在这里,收入眼底的是天空、与天空相接的地平线和我站立的地方。天际是这样的坦坦荡荡、无边无垠啊。"② 奔腾不息的大海也是那样浩瀚无边,一眼望不到尽头。正是这种坦坦荡荡、无遮无拦、广阔无垠以及永不停息的运动构成了雅斯贝尔斯的理性的真正本质。雅斯贝尔斯的先辈世世代代在这里定居。他的母系祖先唐茨恩从 1300 年到 1950 年共 20 代人,其中大多是布加丁根和耶伏尔的农民,不少人从事过乡政事务。雅斯贝尔斯的母亲亨利特·唐茨恩于 1862 年出生于黑林(布加丁根)的一座大庄园里。

他的父系祖先多为农民、商人、牧师(曾祖父一辈有八个人当

---

① 书信,1907 年 9 月 9 日。
② 《命运与意志》,第 16 页。

过下萨克森的郡长)。在法国占领期间，雅斯贝尔斯的曾祖父作过耶伏尔的市长并兼任布来梅一家商号 Delius & Co 的董事；在欧洲大陆对北美实行封锁时，通过捣弄走私生意发了大财。他的祖父靠着所得的遗产，于1843年在耶伏尔的桑德村买下了桑德布什别墅。他在这幢别墅里住了二十多年，后来因为搬回耶伏尔才卖掉了它。1850年，雅斯贝尔斯的父亲卡尔·威廉·雅斯贝尔斯就出生在这幢别墅里。

耶伏尔和黑林是雅斯贝尔斯童年生活的两个神秘世界。在耶伏尔，祖父造了一幢宛如宫殿一般的住宅，房间高大宽敞、富丽堂皇，屋顶上绘就绚烂的图案。祖父在那儿生活得俨然是一个风度翩翩的纨绔乡绅，终日无所事事，晚间戴着大礼帽和手套踱进酒馆同别人轻声闲聊，气宇轩昂地炫耀自己的全部财富，然而又常常表露出忡忡忧心。在他去世（1886年）之前，他的儿子们已到了不得不竭力避免破产的地步。他们使他们的母亲，一个矮小的、由于心脏病而不能自如行动的女人，①一直到死（1895年）都还以为她一直能靠着这殷富家产的利息度日。家里的这位小孙儿对这些揪心的烦恼毫不知晓。由于祖父那种悠闲的生活方式和耶伏尔城的历史背景，耶伏尔城对雅斯贝尔斯来说犹如一个大世界的缩影。在这里，他感到"不可言状的幸福"。②

外祖父唐茨恩是一个"近乎蛮不讲理的"③、"严厉"而"专横"④的人，具有"至高无上的"⑤权威。为了经营他的财产，他建造了一座庄园。他是欧根·利希特的一个热情的追随者，当过奥尔登邦议会的

---

① 《命运与意志》，第55页。
② 同上书，第53页。
③ 同上书，第51页。
④ 同上。
⑤ 同上书，第52页。

议员。他的妻子是个"娴静温顺"①的女人,但干起活来却有一股"坚韧不拔"②的劲头。在外祖父去世(1893年)之后,外祖母主持了这个庄园很长时间。这个庄园里过的是一种"近乎远古"③时代的古朴生活。园内六畜兴旺,到处弥漫着"一种纯净的、黑面包和鲜牛奶的气息"。④人们都在家长制秩序的保护下干活。"在上小学头几年的圣经课上听到亚伯拉罕和海涅·玛姆勒的故事时,我感到仿佛在家中一般。"⑤

除了耶伏尔这个"大世界"和黑林的"家长制生活"以外,在这个孩子面前还有一个奇异的、魔幻般的世界:大海。每年夏天家里都要到弗里斯兰岛去休养。"当我八、九岁第一次有意识地看到大海时,那番情景简直使我难以忘怀。我们那次去的是诺德奈岛。第一天傍晚时分,父亲带着我踏着落日的余晖在海边散步。海岸十分宽阔,从岸边到水边,我们走了长长的一段路,想不到这样长。渐渐地,我们看见一片潮湿的沙土在太阳的余晖下闪闪发光。海面上霞光道道,脚下的沙滩涌出无数珍奇瑰宝,从未见过的贝壳、水母和水藻:眼前的一切似乎是从无限遥远的地方魔幻般地骤然飘忽而至",⑥"我简直如醉如痴一般……"⑦

同上面两个世界相比,奥尔登堡城却令人感到压抑、沉闷。"灰濛濛的细雨、昏暗的玻璃窗、散发着恶臭的垃圾堆、杂乱无章的建筑工地,这一切构成了这个城市的风貌。整个城市的外观装饰显得那样

---

① 《命运与意志》,第52页。

② 同上。

③ 《煽动》,第147页。

④ 《命运与意志》,第56页。

⑤ 《煽动》,第147页。

⑥ 《命运与意志》,第48,49页。

⑦ 同上书,第15页。

的杂乱、呆板。不仅如此,这个古老城市的精神也令人讨厌。我的心中只感到某种可怜的平庸、一种没有真正灵魂的、毫无生气的气氛。"① 这种没有伟绩的古朴——由于大公爵宫廷的存在而产生的这种没有卓越精神的、仅仅可以炫耀的社会光彩——唤醒了一种渴望感,即渴望一个与奥尔登堡不同的家乡。②

对孩提时代的雅斯贝尔斯来说,父母亲是他的楷模。③

母亲一生都豪爽大方,她那"迷人的快乐情绪"④给全家带来了生气。她操持家务,"不使用权力意志,而是以一种有意识的生活智慧和本能的交际手腕",⑤尤其难能的是她"总是那样宽容",⑥所有的人由于她的这种气度而凝聚在一起。她对一切精神活动都感兴趣,抽出时间读书、操琴。对孩子们的,甚至对陌生人的命运,她认真地按照他们的习惯来对待,而决不充当"道德的仲裁者"。⑦对孩子们,她有一种天然的理解。实际上她从不愿意去训导他们,而是想去理解他们。因此,尽管她只受过小学教育,但后来却竭力去读她儿子的著作;而对这些著作,做父亲的却一窍不通。她的儿子对她深情的爱一直延续到她去世(1941年)都仍然是那般炽烈,毫无减弱。

父亲学的是法学,很早——29岁——就当上布加丁根的地方长官。为了能独立生活,他当了奥尔登堡借贷储蓄所的董事并从1896年起独自经营。他又以银行经理的身份当上州议会议员,市议会的议长,并且担任了50年之久的奥尔登堡玻璃厂董事长。

---

① 《命运与意志》,第97页。
② 同上书,第96页。
③ 同上书,第75页。
④ 《哲学文集》,第239页。
⑤ 《命运与意志》,第76页。
⑥ 遗稿。
⑦ 《命运与意志》,第76页。

他的基本性格特征是团结、诚实和独立性。身为银行经理，他摒弃任何方式的投机，即使是银根吃紧的时候，他收的利息也从不超过百分之五。哪怕是 30 马克这种最低数额的贷款申请，他都会一丝不苟地研究批准，纵然其中谈不上有什么利润。在他主持下，银行又建立起新的分行，稳妥、均衡地繁荣起来。

他 71 岁时想到，这个世界对他已经无所求了，于是他脱离了教会。"教会的行为和教义内容都向他证明，教会里没有真理。"[1] 脱离教会是他秉性诚实的表现。

最为可贵的是他的独立性，即使是很高的荣誉也休想使他放弃自己的独立性。他没有参加帝国议会，虽然当时有人请求他这位"全体自由主义者天才的领袖"[2] 参加。他拒绝了大公爵授予他的枢密院商务顾问的头衔；为了在路上不向国王鞠躬，他宁可绕道而行。当他正要被晋升为地方长官时，他又断然拒绝了，因为除了迫不得已以外，他不愿多当一会儿头面人物。他感到衷心欢畅的是从那些他从未懈怠过的使命和责任中解脱出来，再回到人们之中、回到自然之中去。打猎是他实在的生活。为此，他租了范围甚广的猎场，有一次甚至租下了施比克罗克全岛。

他办任何事都有具体的目的，在这个问题上，他的思考是理性的、清晰而坦率的。然而有一种内心的恐惧却使他不可能无论在何处都感到舒畅，哪怕在反思中他也会感到不舒畅。他不去探涉别人的心灵，而且也不让别人触及他的心灵。因此他常常难于同别人交往，一生都把自己禁锢在一种"几乎命中注定的孤独"之中。"他宛如一株孤傲挺拔的橡树，本性就不会弯曲……倘有人想使他改变模样，准会

---

[1] 遗稿。
[2] 《威塞尔报》，1906 年 11 月 2 日。

碰得头破血流。"①

如果说他对什么还有敏感性的话，那就是素描和水彩画了。除了许多"习作"——一般是些精巧的临摹——，他画得最成功的是风景画。这些风景画画面空旷、光线明亮、恬淡素雅，色彩浓淡、强弱相宜。这些画虽然算不上是什么上乘之作，然而它开阔的视野以及轻松的气氛，后来都转变为他的儿子的哲学素养。

雅斯贝尔斯看来对父亲无限崇敬，把他视为"完美无缺"②的人，亦步亦趋地效法父亲。到了少年时期，他才感觉到了父亲心灵的禁锢。尽管这使他感到十分痛苦，但是它似乎完全没有使他与父亲之间有距离。同父亲的这种从童年时代开始的关系一直保持到父亲去世（1940年），这使得雅斯贝尔斯一生都没有能"以公正无情的客观性"③来谈论他的父亲。

父母的第一个孩子是卡尔·泰欧多，他于1883年2月23日下午2时30分诞生于摩尔德克大街的家中。当他二十五岁生日时，父亲写信给他谈到他出世的这一天："1883年2月23日我站在我们摩尔德克家中的卧室里，期待着马上成为父亲。突然一阵婴孩的啼哭声传入我的耳膜，就在此刻我听到一声鸡鸣。屋里屋外顿时充满春意。"④这个孩子身体虚弱，从小令家人十分担忧，还是个襁褓中的乳婴时，他的呼吸道就生了毛病，不停地呼喘、咳嗽，夜间更是久咳不止，头部和膝部长满湿疹，很容易感染。"我从未健康过。即使我的生存已处于十分令人忧心的境地，我的父母也从未丧失信心。他们总是让我感到，生活是何等美好，我不是他们的累赘，而是他们的欢乐。"⑤

---

① 遗稿。
② 《命运与意志》，第89页。
③ 同上书，第108页。
④ 书信，1908年1月21日。
⑤ 《命运与意志》，第47页。

幼年的情景在孩提的雅斯贝尔斯面前是一幅严峻的，然而却是情挚的图画。

卡利——不久，大家就这样称呼他了。他的一生中，家里人都是这样叫他的——同比他小两岁的妹妹爱娜、比他小六岁的弟弟埃诺以及比他年长六岁的、妈妈最小的弟弟泰奥多尔·唐茨恩一块儿长大。雅斯贝尔斯在回顾自己的童年时，对妹妹——在他死后仍活着——"怀着十分美好的回忆"，① 对弟弟仅仅是提及而已。他的弟弟是家里一个颇有心计的、"迷人的"② 孩子。他健康、活泼、勇敢、精明，几乎像个小姑娘一样惹人喜爱；但同时他又奢侈、暴躁、浮而不实、骄横无理、只顾自己。他后来所干的一切事情——第一次世界大战中当过空军军官，以后开起自己的律师事务所，当了一名律师——一开始总是雄心勃勃，但热情很快就消失。他自以为前途黯淡时，便在父母亲的家中服毒自杀，当时不过四十岁刚出头。母亲深知他生存的黯然无望，也就听任他去死了，直到明知已来不及抢救时，她才去请医生。雅斯贝尔斯晚年向我叙述此事时（以便让人知道真相），补充道："请您不要忘记，他是我弟弟。我俩有很多相似之处。自然赐予他幸福，却毁灭了他的命运；自然对我虽然吝啬，然而我却是幸运的。"

泰奥多尔·唐茨恩日后成了重要的国家首脑（1919 年至 1921 年，1945 年至 1946 年，他两度出任奥尔登堡的总理，1947 年去世时还担任下萨克森州首届内阁的部长）。童年时代他在孩子们的游戏中也是个领袖人物。在他的带领下，孩子们建造多层的小木屋，制作木排，坐在木排上畅游河渠；晚上在花园里游荡，吓唬大人，用气枪打玻璃窗；冬天在封冻的河面上狂奔，在白雪皑皑的草地上滑雪。如果玩耍时发生纠纷，他便躲回到自己父母家中，惶恐不安，害怕遭到

---

① 《命运与意志》，第83，84页。
② 同上书，第83页。

责打，因此他希望有尽可能多的朋友来为他解除危难，因为"单是我一个人是帮不了他的忙的"。他的行为准则是："不反抗——反抗无济于事。"①

父母亲以他们的表率行为教育孩子。他们认为，对孩子无需使用权威，也不必把客观的权威当作不可触犯的戒律。对孩子们的基本要求是：真诚、贤达、淳朴、勤奋。如果要使孩子们服从某个决定的话，他们从来不用命令、体罚，而是竭力说明原委，分析各种可能性。孩子们应该学会思考、不依附别人，他们的意志不应受到伤害，而应该坚强，坚信自己的思想；盲从被视为恶行；对凡是要求盲从的地方，必须嗤之以鼻。因此，在谈到权力国家时，家人的口吻总是不信任；在谈到教会时，满含嘲讽；在谈及军队时，充满蔑视。在这方面，雅斯贝尔斯与父亲相比也许有过之而无不及。有一次父亲要给他介绍一位孩子相识，可是他却断然拒绝说："不，我不愿认识此人，他是个军官的儿子。我父亲当时规劝我：孩子，人不要有偏见，军官也可能是个好人。"②

没有任何迹象表明，孩子们在上学前和上学期间曾在精神上受过父母的钳制。他们可以按照自己的意志去学习，父母不阻止他们正常的功名欲，他们知道，学校使孩子们感到是一种威胁。雅斯贝尔斯在最早一篇关于童年的回忆录中提到过这种威胁："在餐厅里我突然明白，总有一天我得去上学。我冲进餐厅，父亲正在那里会客，我赌咒发誓似地对父亲说：'我永远不要上学！永远不上！'"③当他后来不得不上学时，家里人陪了他好几个星期，"以防生狗……和警察"。④

雅斯贝尔斯不是最出类拔萃的学生。最初几学年中，他在三十个

---

① 遗稿。
② 《命运与意志》，第 45 页。
③ 同上书，第 48 页。
④ 同上书，第 57 页。

学生中居第六名，后来大约是二十多个学生中的第三名。高中毕业考试时，由于他笔试成绩优秀而免去了口试。尽管他成绩不错，但是他总担心留级。毫不费力的功课只有数学，他觉得语言很难学，德语作文尤使他感到"说不出的吃力"。①

在文科中学的最后几年里，他与校方发生了剧烈的冲突。冲突产生的原因不在于学习的困难，而是由于对学校精神的厌恶。雅斯贝尔斯厌恶学校那种"对皇帝和大公爵俯首听命然而又装腔作势地给自己装点上语言学家的科学精神"。②在他看来，他的中学校长斯坦沃特就是这种精神的代表。于是校长把仇恨全都倾泻在他身上，偏执的刁难，强辞夺理的诡辩，恨不得把他"置于死地"，③然而在雅斯贝尔斯面前，校长一次次地理屈词穷，遭到难堪。在七年级和九年级时，由于一些微不足道的小事，这种冲突达到白热化。校长为了镇压"反对派精神"，④竟然威胁要开除雅斯贝尔斯。可是雅斯贝尔斯在毕业典礼上再次表明了他的反对派精神。校长叫他在毕业典礼上用拉丁语作告别母校的演讲，然而他却拒绝了，因为，"我们还没有掌握足以进行演讲的拉丁语，这种事先周密准备的演讲是对听众的欺骗"。⑤校长当时没有发作，但是在同雅斯贝尔斯临分手时却进行了报复，他的告别辞是："您将一事无成，您的机能有毛病！"⑥

中学的这段经历对雅斯贝尔斯来说具有两个方面的重要性。首先，他学会了独来独往。在那些困难时刻，同学们都趋附于校长。"尽管大家的意见并不一致，但我总被视为一个调皮捣蛋的家伙，一

---

① 《命运与意志》，第63页。
② 同上书，第58页。
③ 同上书，第20页。
④ 同上。
⑤ 同上书，第69页。
⑥ 同上书，第20页。

个落落寡合的偏执狂。"① 其次，他最终并没有被开除这一事实也使他明白应该恪守一个界限，即在遇到大风险时要竭力寻求"委曲求全的办法"。② 因此，独来独往和有限制的胆量，这二者"在我一生中都是必不可少的。凭借它们就可以预先决定我的此在应该发生哪些变化"。③

为了使雅斯贝尔斯摆脱孤独，父亲带他一起去打猎，然而这个孩子太柔弱了。他总是又折回家中，以"愤世嫉俗的忧伤"④读斯宾诺莎的著作。对他来说，只有离开学校才算是真正的解脱。

学校的生活给这个少年本来无忧无虑的童稚意识蒙上了一层阴影。他想："我再也不愿重做一个小孩子了。原因何在呢？因为小孩子要听任无知的大人的摆弄，浑浑噩噩，对一切都无可奈何……成人以后，这些痛苦便消失了……"⑤

2. 学　　习

中学毕业前不久，有一天父亲把儿子唤到身旁，把帐册摊在儿子面前，讲明自己的收入和财产。并对儿子说："……我想，在你必须自谋生计之前，你可以不用操心地学习工作十年。"⑥ 中学生雅斯贝尔斯决定学法律，以便以后当一名律师或商人而踏入"实际生活"。⑦

1901年4月，雅斯贝尔斯来到了弗赖堡，这时他已长成一个瘦

---

① 《命运与意志》，第20页。
② 同上书，第66页。
③ 同上。
④ 同上书，第53页。
⑤ 遗稿。
⑥ 《命运与意志》，第92页。
⑦ 同上。

高的小伙子（身高超过一米九〇；体重一百二十五磅），脸上没有血色，但性格上有明显的变化，他通融达练多了。在正式开学之前，他去巴登威尔拜访了家里的一位世交，阿尔伯特·弗拉恩克尔医生。弗拉恩克尔此时还是一个默默无闻的中产阶级疗养院院长。此后的几十年中，由于他发展了毒毛旋花素治疗法而成为闻名世界的医生和学者。见面时，他给雅斯贝尔斯做了检查，因为他的外貌明显地呈不健康型。弗拉恩克尔首先诊断出"左肺患病……伴有脓溃",[①] 但并不是肺结核。他建议雅斯贝尔斯立即停止学习。在巴登威尔做眠食疗养固然能为痊愈创造条件，但是这仅仅能起到暂时增加体重的作用。

弗拉恩克尔起初力图安慰他，希望用一个舒适安逸的生活来补偿其病弱之躯。他不理解，年轻的雅斯贝尔斯只祈望一件事：清楚地知道自己的健康状况，以便了解如何凭借这样的身体去工作。诊断结果渐渐明朗，情况严峻：肺部支气管扩张、早期肾炎，由于肺气肿的加剧，心脏功能不佳。这意味着，这样的身体是有生命危险的，他必须避免任何体力上的劳累，必须生活得有规律，医生必须定时抽取他肺部的排泄物（多达40毫升），每日抽二至三次。只要不这样做，他马上便会发热畏寒，肺病就急性发作。进行这样有规律的生活，对生活就不能有过高的奢望。弗拉恩克尔确诊了病情并严肃如实地告诉了雅斯贝尔斯。此后他们俩便相交为友。弗拉恩克尔一生都尽力帮助他。当弗拉恩克尔被纳粹放逐，撤去一切职务后于1938年死于海德堡时，雅斯贝尔斯尽管自己已被卸职，仍然赶去吊唁死者。他先后撰写过几篇关于这位医生思想的文章，描绘出这一高尚形象的许多优秀品质。

在巴登威尔待了一段时间以后，雅斯贝尔斯在诺德奈和奥尔登堡度过了夏天，然后便到海德堡读书。尽管他是学法律的，但是却"成

---

① 书信，1901年4月27日。

了艺术史和哲学的爱好者"。① 起初，库诺·费舍尔讲的叔本华哲学吸引了他："今天下午我听库诺·费舍尔的课。其谈吐果然不凡。"② 但是两天后就变了："他似乎令我讨厌。"③ 一周以后对他做出了断语："库诺·费舍尔只是在开头的一瞬间令人激奋。"④ 只有埋头于意大利文艺复兴时期绘画的艺术史学家亨利·托德的课，雅斯贝尔斯一直听到期终。

在这里，他享受着短暂的自由。他学会了打弹子球，经常出没于咖啡馆，一周之中到曼海姆去看四次戏、听法语课、意大利语课、绘画课，学习速记法；参加了一个文学协会，看"法兰克福报、读叔本华著作"。⑤ "我的生活过得非常闲逸"。⑥

学期结束后他独自一人启程，开始了意大利之游（米兰—热那亚—比萨—罗马—佛罗伦萨—波伦亚—威尼斯—佛罗那），为的是亲眼目睹托德所谈到的那些作品。旅游结束后，他抵达慕尼黑。

1902年夏季学期雅斯贝尔斯应该在慕尼黑重新开始学习法律，但是那里的法学教师全都糟透了。因此他感兴趣的是路约·布伦坦诺，尤其是泰奥多尔·利普斯，他那"敏锐的思想……高尚的思维方法"⑦ 把他完全征服了。于是，在慕尼黑的这一学期又是一个"精力分散的学期"⑧：雅斯贝尔斯参观博物馆、参加海伦·伯劳的文学晚会，请路德维希·克拉格斯给他私授字迹相命术："课是在他〔克拉格斯〕家里上的。他家里的几间屋子几乎没有什么摆设，然而在这里

---

① 遗稿。
② 书信，1901年10月30日。
③ 书信，1901年11月1日。
④ 书信，1901年11月9日。
⑤ 书信，1901年10月23日。
⑥ 书信，1902年1月30日。
⑦ 书信，1902年7月20日。
⑧ 遗稿。

我却感到某种无拘无束的精神。我被迷住了。但是此人高起兴来如发狂一般，像一团明亮的火焰。我有点害怕他的这种气质，因此我把他当作一个难以接近的人，同他若即若离。尽管他有不同凡响的可亲之处，但是我仍感到他是个没有灵魂的人。这既吸引我，又使我感到厌恶。"① 雅斯贝尔斯后来曾试图劝说克拉格斯到海德堡任教，但是他拒绝了。因为他这种"放浪形骸的"②自由对他简直太珍贵了。此外，笔迹相命学作为对某种性格的可能说明，进而推断人的一生的方法，即使在当时也是被谨慎对待的。

八月底，雅斯贝尔斯遵照弗拉恩克尔的嘱咐去西尔斯玛丽娅。他去那儿并没有静心疗养。在那里，他阅读康德和利普斯的著作、钻研自然科学。有两位教授关照他：一位是来自佛罗伦萨的生理学家法诺，一位是来自弗赖堡的艺术史学者科那利奥。法诺向他传授许多医学知识；科那利奥帮助他学习心理诊疗学，以便日后终于有人专攻"大学教授们的歇斯底里症"。③"有一天他们请人拍了一张风趣的照片：我这个瘦高个儿站在当中，左右两旁跪着两位教授。他们各人伸出一只手放在我手中一本翻开的书上，发誓忠于科学精神。"④这幅照片后来获得了十分奇特的严肃效果。由于日益清楚自己的病情，由于同弗拉恩克尔、利普斯和克拉格斯的相遇，雅斯贝尔斯整整一学期闲散安逸。这时他决定学医。法诺和科那利奥坚定了他的这一决心。他在西尔斯玛丽娅写了一封信⑤给父母，以说明他这一转变的原因。此信标志着他一生的转折点：

"一个月以来，我产生了不可动摇的想法：放弃法学而学医……

---

① 遗稿。
② 书信，克拉格斯致雅斯贝尔斯，1913年12月22日。
③ 遗稿。
④ 遗稿。
⑤ 《哲学与世界》，第279页。

倘若我要想成为非凡的天才，就得首先学习自然科学和哲学，从而直接地开创我的学者生涯。我将努力获得哲学博士学位，当然届时我要进一步学习医学，只有以它为基础才能建立起心理学和哲学……可是目前条件仍不具备，我只得先学医学……我的计划如下：仍按规定的学期——十一或十二学期——参加国家考试。我认为此后自己便有能力转向心理诊疗学和心理学，这样我便可在一家心理病院当医生或做大学心理学家的助手。最终我将开始自己的学者生涯，像海德堡的克拉培林那样……由于我的医学知识和自然科学知识，哲学将更加有活力。它将令我满意地防止我的片面性和自然科学那种讨厌的骄狂……利普斯说过，倘若一个人不得不否定他迄今为止的一部分生活并使之改变方向，这对他来说是十分痛心的事。这个观点……我不能苟同。在同我迄今为止的生活决裂的时刻，我却感到十分舒畅。我心里充满喜悦，因为我的所作所为是正确的。"[①]

　　雅斯贝尔斯并未寄出此信，但不久他在奥尔登堡把信的内容背给父亲听了。父亲耐心地听着，然后说："你让我相信你了，我的孩子。我同意。"[②] 从此，一个轻松自由的时期一去不复返了，一个献身于伟大事业的时代开始了。这个伟大的事业首先就是全部的自然，其次是人的本质。雅斯贝尔斯在柏林（1902年冬至1903年）、哥廷根（1903-1906年）和海德堡（1906-1908年）学医学。假期他都用来搞自己的研究，或是在赫尔戈兰德动物园（1904、1905年）。或是在奥尔登堡动物园。由于疾病缠身，他的学习原则是：只听少量的课，"过一段时间便旷上几节课"，以保持充沛精力。旷课时，他巧妙地做出必要的假象，让别人浑然不知。"只要有愚蠢的规定，就不得不以

---

① 遗稿。
② 书信，1906年1月21日。

欺骗来应付。"① 这样，便可以阅读真正的好书，而不必把过多的时间无谓地浪费在讲义上。只要有可能，他总是侧重于独自观察，根据这些观察学习进行自然科学和医学的思维。他认为，学习就应该是埋头于对自然的观察和思维。这种对自然进行观察和思维的执着精神铺设了一条通往人的道路。因为"我的领域就是人；对其它一切，我都不可能有如此经久不衰的能力和兴趣。"②

为了能够更加广泛地进行观察，他在奥尔登堡建起了一个实验室，它同时又是一间自修室和观察天空的房间。屋里有水族和爬行动物的标本、各种石块、化学药品、各类仪器、工具（望远镜、显微镜、切片机、制冷机、恒温器），以及一个装着"一百种生物标本"③的高质量的木架，里面有青蛙、兔、猫以及其它动物。有一次他拿着一只解剖截下的蛙腿回到家里，使母亲心中感到有点不忍。眼下这种连续不断的工作正是雅斯贝尔斯衷心期望的。"我的生活完全由医学充斥，过得平淡无奇。"④ 他几乎不去注意精神科学。"我记得，我从来没有听说过当时在哥廷根教课的胡塞尔的名字。"⑤ 他工作起来头脑"冷静清醒"，⑥ 但是他仍然受着感觉的驱使，做自己爱做的事情，尤其是在临床实习的头几个学期里更是如此。尽管雅斯贝尔斯每天至多只能工作七小时，而且就在这七小时内他还用一部分时间来读诗和哲学，然而由于他合理地、持之以恒地坚持直观地学习，他在实习时的成绩有时竟使老师们愕然瞠目。预考中，他要回答的问题是向老师麦克尔描述脊椎构造。他首先描述了人们能够直观这一构造的方法，然

---

① 书信，1906 年 11 月 13 日。
② 书信，1905 年 8 月 9 日。
③ 书信，1902 年 11 月 4 日。
④ 书信，1906 年 6 月 24 日。
⑤ 遗稿。
⑥ 书信，1906 年 4 月 21 日。

后才简述了脊椎的构造。这也是他后来在《普通心理病理学》中采用的方法。

但这些年平静的、秩序井然的工作的背后却笼罩着将发生巨大变化的气氛。由于意识到自己最终有一项事业,这使他沉浸在欢娱之中;另一方面,病弱之躯常常使他心有余而力不足,陷入困厄之境。他清楚地知道他的生存的矛盾:在肉体方面,他不得不作为一个特殊的生存;而在精神方面却不是特殊的。他的才能还不能"产生任何有意义的成就",但是又不甘心把自己的目的定在"平庸无奇的自然科学工作中"。①也许通过长期的劳动会获得某种成就,但是他的生命火花又是这般微弱,"它延续不了那么久"。②他想把对人的研究和对自然的研究这两者结合起来,这样"人们能够获得许多单方面根本无法注意到的东西",③然而疾病又使他的愿望成为泡影。他需要"从心灵上使两者沟通起来",④但是他又感到自己"在生活中的孱弱和在自由中的强健",⑤这种感觉使两者不能结合在一起。他寻觅着洞悉他"本质并肯定他的"⑥人,但是他愈来愈孤僻乖戾的性格使"大多数人感到难以忍受"。⑦他注定要忍受孤独,放弃常人安享的幸福。——这有何害处吗?谁要是选择这种此在,他就必须"把痛苦放在恰如其分的地位上",⑧然后便"尽一切可能使这株生长得弯曲的果木结出丰硕的果实"。⑨

---

① 日记,1906 年 8 月 14 日。
② 日记,1905 年 6 月 13 日。
③ 书信,1904 年 8 月 14 日。
④ 书信,1905 年 8 月 16 日。
⑤ 日记,1904 年。
⑥ 《命运与意志》,第 92 页。
⑦ 日记,1904 年。
⑧ 书信,1904 年 8 月 14 日。
⑨ 日记,1904 年。

作为一名医科学生，雅斯贝尔斯是顺利的。他轻松地通过了考试，每次考试并没花多大力气：1905年在哥廷根通过医生预考（总分是"优秀"），1907-1908年在海德堡通过国家考试（成绩"良好"）；紧接着便是一年实习。在这一年中，他完成了题为《思乡与犯罪》的博士论文。实习后，他于1909年2月获得医生的开业许可证。

就在他尚未正式开业之前，他的生活中发生了第二次转折，这次并没有外部的干扰。在学习期间他认识了几个人（夭折于肺结核的弗里茨·策尔－罗伊；后来成为心理学家的沙尔和J.H.舒尔茨；以及他成年以后的哲学伙伴恩斯特·迈耶），后来在1907年结识了格尔特鲁德·玛耶尔。此后他便开始了科学研究工作。"这时，产生了一种我从来没有过的激奋。"①

3. 最初的成就

1907年7月4日，恩斯特·迈耶把与他同年级的雅斯贝尔斯介绍给他的妹妹格尔特鲁德相识。在格尔特鲁德的房间里，他们碰杯饮茶，五杯清茶伴随着彬彬有礼的寒暄，不一会他们就消除了相互之间的距离，融洽起来。雅斯贝尔斯回家后写道，他"对这位二十八岁的女性有了难以名状的人的兴趣"。②他一定又是"过于乐观了，认为人的一切都可能是善的，因为我自己很愿意如此。但可能不久失望就会接踵而至……"③

然而，这一次却没有使他失望。雅斯贝尔斯了解到女友不平凡的命运。她是一个正统犹太籍商人之家的九个孩子中的一个。她家祖祖

---

① 遗稿。
② 书信，1907年8月18日。
③ 书信，1907年7月20日。

辈辈定居在普伦茨瑙，颇有声望，早年持有安全护照（1698年），生活安定。比起别的犹太人，她家较少地受到反犹主义的迫害。格尔特鲁德还是个孩子时，她十七岁的姐姐患白喉夭亡了；青年时期，她的几个亲近者又相继去世；二十岁时，她的第一位女朋友去世，同年她的妹妹患了无法治愈的心理病被永远隔离起来。此后不久，她少年时代的男友，诗人瓦尔特·加勒去世。以后又有一个女友和其丈夫双双患肺结核而亡。"此时，我仿佛觉得，索福克勒斯只把幸福赐予那些从来没有活过的人是完全正确的。"①

由于妹妹的厄运（"由于她患病，我变成了另外一个人"②）格尔特鲁德曾设法当了一个神经病护士。在柏林和科尼希斯坦当了一年半的护士后——此时已二十六岁——她决定补考高中文凭，然后再学哲学。在迁居到海德堡之前，她在弗赖堡已读过海因里希·李凯尔特和她表哥约纳斯·柯亨以及她很熟悉的爱米尔·拉斯克的著作。认识雅斯贝尔斯时，她正在准备高中毕业文凭的考试。

同雅斯贝尔斯的相识仿佛顿时唤起她少年时代的感受：又是一个濒于死亡的人。然而此时的雅斯贝尔斯却完全是另一番心境。他感到自己第一次被人理解。在他所寻求的诸方面，格尔特鲁德事实上都超过了他：她对神经病治疗有丰富的知识并有护理经验；在哲学方面，她读过不少著作，了解一些思想家，已有相当素养。然而尤使他倾倒的是她的气质。起初，她同雅斯贝尔斯交往的基调是凝重矜持、神情冷淡、毫不掩饰的率直、对那种纯粹消遣的娱乐的深恶痛绝。但是，这种基调很快便改变了，尽管它开始时似乎是那样的冷淡。这时她显然变得激情横溢、无法自制，从古板的意义上来看，简直有点行为不检了。她那颗"不安的心"无所寄托，时时不宁地骚动，茫茫然昏沉

---

① 遗稿，格尔特鲁德·雅斯贝尔斯。
② 同上。

沉地"虚掷时光"。① 她是那样的亢奋，又是那样的纷乱、忐忑不安。她深知在雅斯贝尔斯的面前一切都无法掩饰。成人的持重和青春的激情在她的身上融为一体。

该年八月份他们订了婚。他俩都清楚，这不过只是他们情谊的誓约。订婚后，格尔特鲁德的哥哥古斯塔夫·迈耶——作为一名工人运动史的学者，他的意义今天才被逐渐认识到——同他的妻子和亲戚一起给妹妹一份年息为三千马克的财产，供她终生享用；同时，雅斯贝尔斯的父亲用法律形式承诺每年给他利息四千马克，于是他俩便完婚了（1910年）。雅斯贝尔斯分文不挣，而且也没有去挣钱的念头。医院里有人讥讽地说："这个雅斯贝尔斯不久便会对面包价格感兴趣的。"②

同格尔特鲁德的情谊和婚姻使雅斯贝尔斯的工作如添双翼。早在学医时，他曾经想过自己也许能够在某个医学领域成为专家。不久他便明白，通过理解来医治神经病是"医学中最困难的领域"，③"人们能够轻而易举地学会用一般的疾病名称来给病人诊断，能够采用一般的方法进行治疗。相反，只有通过深入探索心灵生活才可进而达到理解，只凭教科书无论如何是做不到这一点的。读教科书时，我总感到它漏洞百出。对此，我困惑不解。"④ 后来当他渐渐在实际的心理诊疗的辅助工作中（记录病史和检查结果、做电疗、量血压）取得成绩时，他感到一种"经久不息的幸福与振奋"。⑤ 1908年1月18日国家考试的最后一天，他报名当心理诊疗院的实习医生，在这里他度过了"实习年"的前半年；后半年他在神经科工作。在获取医生开业执照以后

---

① 遗稿。
② 遗稿。
③ 书信，1905年12月2日。
④ 书信，1906年6月24日。
⑤ 书信，1907年4月8日。

（1909年），心理诊疗院的院长弗朗茨·尼瑟尔收他为助手，因为尼瑟尔对他的博士论文颇为赞赏。这样，他就在这家医院里工作了六年（直至1915年）。

海德堡的心理诊疗院由于有爱米尔·克拉培林和弗朗茨·尼瑟尔而成为德国最重要的心理诊疗学的研究地。在院长和众多出类拔萃的医生之间有一种"真正的、建设性研讨的合作"，[1] 在这种合作中，学术思想是高水平的。雅斯贝尔斯认为，尼瑟尔这位著名的脑组织学专家是"一个罕见的、真正按计划坚持不懈地进行批判性研究的典范"；[2] 主治医生威尔曼斯是一位永远催人进取的导师。在诸位医生之中（洪布尔格、威策尔、兰克、格鲁勒、迈耶－格罗斯），格鲁勒是一位无人可比的佼佼者，他聪颖过人，有敏锐的批判力。

雅斯贝尔斯在医院里处于一种特殊的地位。由于身体的痼疾，他可以不按医院规定的时间工作，允许参加所有的研究讨论、参加集体查房、听病人的病情介绍，参加关于诊断鉴定的研讨、同尼瑟尔一起参加科学晚会；尼瑟尔不在时，他可以经常同格鲁勒做个别的讨论。他可以选择自己感兴趣的东西进行研究，有一个房间供他做实验用。他成为大学生医疗保险方面关于神经疾病和心灵疾病方面的法院鉴定人和医生。因此他得以察知心理诊疗学的一切方面：心理学、法学、社会学以及教育学诸方面。然而这些自由是他以不领取报酬而换得的，他是一名无俸助理医生。

雅斯贝尔斯开始他的研究工作时，心理诊疗学还处于一种临床经验的水平，没有统一的科学体系。格里辛格认定"心理病是脑病"；克拉培林把心理病分为两类：心理分裂症和狂躁症；弗洛伊德的分析的心理诊疗学尽管遭到广泛的指责，但这时已开始渗入瑞士和德

---

[1] 书信，1938年6月18日。

[2] 同上。

国，布洛勒尔试图把分析的理解进一步推广用于心理分裂症；高普根据性格、环境、遭遇来解释癫狂症；吕丁认为疾病的遗传因子对心理分裂症有重要意义。整个这门科学都呈现出一派混乱，有解剖学、生理学、生物遗传学、分析学、神经学、心理学、社会学等等各种解释，众说纷纭，毫无定论。此外，理论忽而形成，忽而被忘却，变幻不定；人们使用各种不同的术语；有人试图把上述所有方法都使用起来，但又不知这些方法之间的界限和联系。当时，人们的主要兴趣在于诊断病情，而放弃了治疗，只寄望社会的人道来缓解心理病，用使患者的环境更加卫生的办法来代替治疗。"心理诊疗院中弥漫着一种放弃科学研究和科学治疗的意识。"[①]

如果说海德堡心理诊疗院的情况要好一些的话，那也只是说这里有一种较为严格的科学精神。尼瑟尔和院中的医生是完全沉陷在实际工作中的"事务主义者"（格鲁勒语）。他们都惊奇雅斯贝尔斯如此地利用他的自由：他虽然活跃地参加所有讨论，但一直持疑虑的超然态度，似乎只是个旁观者。讨论中，他总是提出一些奇特的、具有诱惑力的要求：必须系统地研究几十年以前和几世纪以前的心理诊疗学的文献，以避免由于遗忘而不断重复过去的毛病。必须得出如下结论：心理疾病就是心理疾病、心灵疾病就是心灵疾病，人格疾病就是人格疾病，因此必须分别致力于研究精神科学、心理学和人类学；必须找到一种能够清晰地描绘病症而且能够重新认识描绘这种病症的语言，还必须弄清何谓理论、何谓科学、何谓方法、何谓"理解"，人们正是为此才需要哲学的。凡研究心理病理学的人必须首先要学会思维。尼瑟尔对雅斯贝尔斯的这些要求很恼火，他说："雅斯贝尔斯使我感到很遗憾，他……在干毫无意义的事情。"[②] 兰克也客客气气地说："得

[①] 《哲学与世界》，第 290 页。
[②] 书信，1938 年 6 月 18 日。

把这个雅斯贝尔斯痛打一顿。"①

然而，雅斯贝尔斯反倒更加努力地学习和思考。洪布格尔患病以后，他接替主持门诊部的工作。一次，他当着尼瑟尔的面给一个狂躁发作的精神分裂症患者用现象学方法进行检查，尼瑟尔第一次看出了他努力的成果。他检查时使用的语言是那样明晰和直观，整个过程显示出一种医院里迄今从未见过的意识。

不久，明显的成果便接二连三地涌现出来。除去许多对所有近代心理诊疗学文献的短评以外，雅斯贝尔斯还发表了一些重要的文章："论发展和过程"（1910年）、"智力测验和方法与低能的概念"（1910年）、"分析幻觉时的真实性与现实判断"（1911、1912年），"心理病理学中的现象学研究方向"（1912年）、"患精神分裂症时命运和心理病之间的因果关系及理解关系"（1913年）、"真实的知觉"（1913年）。仅是这些最早的一批作品就使雅斯贝尔斯赢得了科学家的声誉。斐迪南·施普林格于1911年通过威尔曼斯问雅斯贝尔斯是否愿意写一本心理病理学教科书。年仅二十八岁，而且只进行了几年研究的雅斯贝尔斯欣然允诺。两年后该书便问世。心理病理学这时才第一次形成一门科学。后来被称为临床心理诊疗法"教皇"的奥斯瓦尔德·布姆克当时还在弗赖堡当主治医生，他当时在一篇书评中写道："这是一本不同凡响的书。这使它和它的作者在我们的科学史上一举成名并将长久地占有一席之地。它既意味着一种结束，同时又意味着一种开端……哲学的素养、概念的精确、坚定地尊重事实与彻底拒绝一切思辨统一起来了。"② 声名显赫的学者们，例如库尔特·施奈德、路德维希·宾斯旺格、高普几十年之后仍重复这一评价。

---

① 《哲学与世界》，第292页。
② O. 布姆克：《书评》，载于：《总体神经学与心理学杂志》，增补卷，第9期，1914年，第50页。

写完《普通心理病理学》，雅斯贝尔斯对心理诊疗学的研究工作实际上便告结束。虽然后来（1920、1921年）此书又出过两次增订版，1946年又以全新的结构再版，但是前面两次增订版主要是扩充些材料；后面一次已较明显地渗透着哲学，为此不时招来指责。只是关于施特林贝格、梵·高（1922年）以及尼采（不超出1936年出版的关于尼采的书的内容）患心理病的病理报告才又一次为心理病理学的一个特殊领域奠定了基础。

　　雅斯贝尔斯早年的这种声望，其影响是深远的。在他离开医院以后，海德堡大学医学系通过当时的教务长哥特利普聘请他作尼瑟尔的继任人。由于健康原因，他不得不辞退聘请。后来的许多年里，一直到他晚年时，他不断被接纳为各种心理诊疗学协会的成员，甚至是一些以分析学为方法的协会。1950年他还接到去伯尔尼"作病幻方面的诊疗学讲座"[①]的邀请，但他拒绝了，而且至此不悔。

　　宾斯旺格曾说过，雅斯贝尔斯并未始终作一名心理诊疗学者，其原因"并不在于他自己——他倒是全身心地扑在了心理诊疗学的工作中——，而在于心理诊疗学者们'不想要他'"，[②]"这纯粹是宾斯旺格的想象……"[③]如果真的有人不想要他，而且一辈子都如此的话，那么只有那些哲学教授了。雅斯贝尔斯渐渐地离开医院而踏进这些哲学教授们的领地。

4. 通向哲学之路

　　雅斯贝尔斯从来没有师从任何导师而学院式地学习哲学。他曾经

[①] 书信，1950年7月27日，J. 克拉厄西致雅斯贝尔斯。
[②] L. 宾斯旺格：《卡尔·雅斯贝尔斯与心理诊疗学》，载《神经学与心理学瑞士文库》，第51期，1943年。
[③] 书信，1953年3月13日。

偶尔想过去拜师求学，但是少年时他就认为自己在这方面愚钝不化，要想有计划地选择哲学为职业，那简直是痴心妄想。在他看来，哲学并不是人们能够学会的诸种专业中的一个专业。谁要是把它当作一种专业来学，就有堕入连篇废话中的危险：或是巧舌如簧地重复过去的思想，或是故弄玄虚地想出什么新念头。"通向哲学之路并不要经过抽象的思维"，① 而是要经过对现实的认识：认识自然和人的实际。因此，雅斯贝尔斯为了哲学而学习了自然科学和医学。"通向哲学之路决定了我以前对学习的选择。"②

之所以产生对哲学的这种想法，是由于他中学和大学时代的孤独以及对疾病威胁的意识。这个必须同别人隔绝的此在还会有什么意义呢？如果因为有可能早逝而无法期待客观的结果，那么奋发的努力还有什么意义呢？对此，科学无法回答。"只有一条道路：哲学必定能阐明真理以及我们生命的意义和目的。"③

于是，雅斯贝尔斯很早就开始阅读哲学家的著作，如：斯宾诺莎、卢克莱修、叔本华、尼采、普罗丁、谢林、康德等人的著作；后来（大约自 1913 年起）又读了克尔凯郭尔、黑格尔的著作。特别是斯宾诺莎的著作把他带入一种他能够默默忍受自己病躯的心境。"哲学有其无可比拟的价值。要不是它，生活一定会异常可怕。"④ 此话不仅是对斯宾诺莎的著作而言，而且主要是表现了当时在他自己的哲学中已见倪端的思想："突然之间，我惊异地感到，我实实在在地就在这世界上。"⑤ "这个个别的人一步一步地从蒙昧的黑暗中走出，明确地意识到自己的生存……。他感到，在封闭的生存中人生是没有意

---

① 《总结与展望》，第 384 页。
② 同上书，第 385 页。
③ 同上书，第 383 页。
④ 书信，1902 年 7 月 17 日。
⑤ 日记，1904 年。

的。"①"他的生存必须要对别人和上帝敞开,同时也不摒弃孤独。人们必须有坚持这种特点的力量,尽管它的意义由于教士们而受到了损害。"②最为重要的问题就是:"死亡意味着什么,个性意味着什么,其它一切似乎都由此而决定。"③对必定死亡的意识是人的特征,并且使人的行为具有一次性。因此人们务必听从这样的话:"记住,人是一定要死的(memento mori)。"④只有知道死亡的无所不在,才能学会理解:"我们永远是有限的";⑤只有理解这种有限性,才会意识到:"我们必须斗争。"⑥只要人们这样去审视人在世界上的"总体境况",⑦"那么便会理所当然地发现,情况是严酷的"。⑧因此,"哲学所必须照亮的地方"⑨——此在、生存、超越、意识、临界境况、交往、失败、严酷——都要由克尔凯郭尔的著作来阐明了。其中的生存之谜在雅斯贝尔斯学习科学时总是不停地出现。解开这些生存之谜何以成为思维的真正目的呢,也许雅斯贝尔斯1907年记下的一个梦幻可以说明:"用手触摸时,我感到腹中有许多疙瘩,密密麻麻,犹如结成一张网。医生伏尔克尔的诊断是:腹膜肿瘤,网状转移兆,无法手术。伏尔克尔医生似乎在这里说什么无关紧要的事:此人必定活不过明年。——我受到极大震动,似乎觉得我的躯体已被吞噬,但是我并不畏惧。我去见父母亲,同他们商量此事。他们一点都不惊慌。这使我清清楚楚地感到一种快慰。现在医学的学习已毫无意义,我必须从现在起专搞哲

---

① 日记,1905年。
② 书信,1905年5月1日。
③ 书信,1905年11月26日。
④ 书信,1904年8月1日。
⑤ 书信,1905年6月19日。
⑥ 日记,1904年。
⑦ 书信,1904年2月18日。
⑧ 同上。
⑨ 《总结与展望》,第388页。

学。这使我欣喜万分，以致早把肿瘤抛在脑后了。"①

他对哲学的勇气由于1910至1920年亲自接触过当时的几位哲学家而增强了。通过把这几位哲学家进行对照比较，雅斯贝尔斯懂得了怎样才能成为一位哲学家。

这些思想家是：拉斯克、李凯尔特、胡塞尔、盖格尔、舍勒、西美尔、布洛赫和卢卡奇。1908年至拉斯克去世（1915年）这段时间里，雅斯贝尔斯有时去听他的课或讲座。李凯尔特自1916年起有将近二十年时间同雅斯贝尔斯在一个系任教，他逻辑思维的敏锐和方法的明晰给雅斯贝尔斯留下了深刻的印象。但是他觉得，他们俩仿佛是没有实在对象的物理学家，他们只是根据已死的体系在空洞的逻辑领域内从结构上发展了思维的精巧性，而没有涉及到此在本身。哲学成了躲在抽象硬壳中的理性游戏。对于自1909年起雅斯贝尔斯就阅读其著作并于1913年亲自结识的胡塞尔，以及对于他于1912年便结识的亚历山大·普凡德尔，雅斯贝尔斯钦佩他们创造新方法的活力、思维的缜密、阐明前提的力量、区分细微差别的精确性以及对事实本身的还原。然而从他们获得的成果来看，雅斯贝尔斯又觉得，运用现象学方法倒不如去发展这种方法更为重要。虽然胡塞尔创造了进行精确分析的工具，这使得迄今为止未见到的事物已切近可见了，胡塞尔"完成了看的姿态"，②然而他所看到的东西在哲学上是无关紧要的。这里缺少注视生存关系的目光。通过对胡塞尔和李凯尔特的对比，雅斯贝尔斯愈来愈清楚地感到，哲学和科学不能混为一谈，必须确立标准，使它们相互分离开，各自有其自身的思维方式。

马克斯·舍勒和格奥尔格·西美尔起着不同的影响，雅斯贝尔斯有时同他俩交谈，他看出他俩有广泛的兴趣，同时又有清晰的、天才

---

① 日记，1907年。
② 《总结与展望》，第386页。

的想象力。但是舍勒的哲学天才又和他为人的不可靠性联系在一起。雅斯贝尔斯对他的思想又提出了疑问，因为他认为，舍勒这位哲学家本人缺少生存的实践，没有证明人的真实性。西美尔则把他伟大的天才无谓地耗费在无关紧要的小事上，否则按照他在失意时表现的意志，他本来是可以完成内容丰富的巨著的。

有一段时间他同恩斯特·布洛赫和卢卡奇关系密切，因为他于1914年为他们两人脱离军队帮过忙（给卢卡奇开过一张证明，为布洛赫向另外一位医生提供了健康资料）。雅斯贝尔斯喜欢布洛赫质朴的、令人振奋的性格，自我暴露的率直以及深刻的悟解力。但是他感到布洛赫对唯灵论和唯神论过于倾心，对乌托邦过于眷爱了。布洛赫的思想太富有跳跃性，才智过于超群出众，以致人们无法追踪他的思想。他认为，卢卡奇的思想中也有唯灵论的因素。对于卢卡奇理解艺术的素养和精辟，他是赞赏不已的；然而他认为，卢卡奇最终在哲学方面也许是无足轻重的人物。布洛赫和卢卡奇都不是预言家，然而他们却使自身笼照着显眼的预言家的灵光，这使雅斯贝尔斯感到困惑。拉斯克曾用诙谐的口吻说："四位福音布道者叫什么？马太、马尔库塞、卢卡奇和布洛赫。"①

对于雅斯贝尔斯来说，马克斯·韦伯的形象才完全体现了一个哲学家的存在。"对我来说，他［韦伯］是我们时代真正的哲学家。"②雅斯贝尔斯是1909年于格鲁勒在医院召开的一次会议上认识韦伯的。他发觉韦伯有广博的学识，有造就一个完整的范畴世界的力量，深知一直起创造性作用的合理性背后有其本身的不合理性；韦伯看到了人的可靠性，人尽管是分裂的，但人有神赐的崇高本质。韦伯不仅具有巨大无比的致力于主观性的勇气，同时又从来没有离开过客观性；尽

---

① 《海德堡回忆录》，载《海德堡年鉴》，第5期（1961年），第5页。
② 《总结与展望》，第389页。

管韦伯从来没有要求有人追随他的思想，但是他的思想事实上出类拔萃、真正堪称为精神之导师。这位伟大的科学家、未能如愿的政治家同时又首先是一个伟大的人。作为一个人，他就是一种哲学，尽管他不愿明确地创立一种哲学。在韦伯身边，年轻的雅斯贝尔斯常常感到自己才思穷竭。当他偶尔在韦伯的接待日里去韦伯家中拜访他时，他几乎没有勇气同韦伯作一次内容广泛、推心置腹的谈话。雅斯贝尔斯十分尊崇韦伯，他认为，历史人物的伟大之处在韦伯身上全都体现出来。在他心目中，韦伯就是对世界的证明，[①]就是"最高的标准，没有它，我们就会缺少看的能力"。[②] 只是到了马克斯·韦伯去世后（1920年），雅斯贝尔斯在海德堡大学生举行的悼念会发言时，才对他自己树立的形象进行了实事求是的公允评价。马克斯·韦伯在雅斯贝尔斯的一生中起着决定性的影响，只是雅斯贝尔斯到了垂暮之年时，韦伯才逐渐失去了他至高无上的力量。1920年，对于马克斯·韦伯之死，雅斯贝尔斯不仅感到是不可估量的损失，而且他有了一种使命感：伟大的哲学失去了它的代表人物，现在它在世界上已没有自己的形象，因此有必要为哲学指出前景。这个使命，作为一名教授是能够承担的，只要他明白哲学是什么。

数年之前，雅斯贝尔斯就已经把研究哲学作为职业而踏上了哲学之路，开始了学者生涯。但是在此之前他似乎是偶然踏上此路的。从此他决心顽强地沿着这条路继续走下去。

尼瑟尔读了雅斯贝尔斯的《普通心理病理学》一书后，便同他商谈去大学任教的事宜。当时尼瑟尔这里已有不少讲师，他担心校系两方不会同意再给他增加一名；因此他向在慕尼黑的克拉培林和在布莱斯瑙的阿洛伊斯·阿尔茨海姆打听，问他们是否能让雅斯贝尔

[①] 《哲学与世界》，第310页。

[②] 遗稿。

斯在大学任教。这两位都欣然应允。但是雅斯贝尔斯却想留在海德堡。因此只存在一线希望，这就是：海德堡大学迄今为止尚未开心理学课。于是尼瑟尔试图通过马克斯·韦伯的介绍让雅斯贝尔斯作为一名心理学者在哲学系开心理学课。可是系方由于受到德意志西南学派思想的影响，想把哲学和心理学严格分开，因此准备把讲课权授予一位医学家。威廉·文德尔班——雅斯贝尔斯在结束学习以后偶尔听过他的课——接受了雅斯贝尔斯的讲师资格申请，但是他声称雅斯贝尔斯作为讲师资格申请的论文《普通心理病理学》并非内行之作。弗朗茨·尼瑟尔、马克斯·韦伯和慕尼黑的奥斯瓦尔德·屈尔佩撰写了鉴定。1913年12月，雅斯贝尔斯终于获得在大学授课的资格。此后他仍然继续在医院当见习助理医生。

不久以后，他在一些著名学者的面前作了关于心理学的界限的就职讲演。在场的有：马克斯·韦伯、阿尔弗莱德·韦伯、文德尔班、尼瑟尔、恩斯特·特罗尔奇、海尔曼·翁肯。讲演中，他明确阐述了心理学同哲学以及同别的科学的明显界限。"科学之间不允许模糊不清的混合关系，而是在清楚地做出分界和规定范围的基础上多方面相互联系的关系。"[①] 由于做出了这种分界，心理学作为科学便是合法的了。他讲课时便根据这种狭隘的概念，讲课的重点在心理学。当然，他的这一概念不久便扩充了内容。他接受亚里士多德的名言："心灵可以说即是一切"，并补充一句话作为他工作的信条："一切都可以受到心理学的考察。"接着他就依次涉猎了广泛的领域，如社会心理学和民族心理学、伦理学和道德心理学、宗教心理学以及世界观心理学。按照他的这一假说，也必然有哲学心理学、哲学著作心理学和哲学家心理学。因此他同时对尼采、克尔凯郭尔、康德的伦理学和黑格尔的《精神现象学》做了心理学的探讨。

---

① 遗稿。

1916年，雅斯贝尔斯被聘为副教授。此后数年中，他试图同格鲁勒一道建立一个心理学研究所，但没有获准。在海德堡，进一步发展的道路似乎被堵死了。为了使德国的大学能够知道自己是一位心理学家，他于1919年发表了一篇他的讲演；题为《世界观的心理学》。此书虽然没有获得像《普通心理病理学》一书那样的透彻效果，但是引起了人们的注意。其中提出了一系列问题：临界境况、时间的多维性、自由的运动、生存问题的产生、虚无主义、外壳、爱、观念等等。尽管这些问题都是从心理学方面提出来的，然而它们同时却有哲学意义。人们感到：一种新哲学即将问世，尽管它仍然被误解为心理学。李凯尔特在哲学专刊《逻各斯》上发表专文进行了批判。他的批判倘若仅仅攻击此书缺乏创见，那当然是言之有理的；但是事情不仅仅如此，他同时从本质上预感到这位未来的论敌的威胁，他希望用恶意的嘲讽来客客气气地击溃这位敌人。对这种奸刁的伎俩，雅斯贝尔斯十分恼怒，有两本评论性的小册子曾经描述过此事。给了他极大鼓舞的是马克斯·韦伯的话："非常感谢您。您所做的工作非常有益。祝贺您取得更大成就。"[①]

　　《世界观的心理学》一书起到了预期的作用。1920年汉斯·德里施应聘去科隆，雅斯贝尔斯于1920年4月1日正式继任德里施，当了正式的哲学副教授，这尽管违背李凯尔特的意愿，但却得到了海因里希·迈耶的赞同，后者自1918年起便在海德堡担任哲学正教授。1921年5月，格拉夫斯瓦尔德大学为雅斯贝尔斯提供一个哲学讲席，6月基尔大学又聘他去当正教授。卡尔斯鲁厄[②]州教育部答应，只要雅斯贝尔斯拒绝以上的聘请，教育部定于1921年10月1日在海德堡

---

① 《哲学与世界》，第306页。
② 海德堡市属卡尔斯鲁厄州。——译者

授予他专任正教授的职称。① 于是雅斯贝尔斯留在了海德堡。1922年，当海因里希·迈耶赴柏林时，围绕他的继任人问题展开了一场争夺。李凯尔特企图阻挠任命雅斯贝尔斯为正教授，但是当他的企图无法实现时便作了让步。雅斯贝尔斯于1922年4月1日成为第二个讲席教授，成了与李凯尔特平起平坐的同事。对于李凯尔特来说，这是哲学走向没落的信号。

5. 成熟的年代

雅斯贝尔斯当上哲学教授时已接近四十岁，这时他陷于一种窘境：他必须与当时最有影响的学院哲学家［李凯尔特］较量，必须在他从未在那里学习过的哲学系中确立自己的地位，同时必须在一个博大的专业领域内经受考验，他只是在两年前几乎偶然地作为一个外行进入这一领域的。

长他二十岁，在德国国内外被尊为哲学家的李凯尔特使他不容易做到这些。李凯尔特承认，作为心理学家的雅斯贝尔斯可以在心理学中自由驰骋，但是在哲学上他似乎对雅斯贝尔斯不屑一顾。对《世界观的心理学》一书预示的这位哲学家，李凯尔特只因为希望预见到未来，才嘲讽地、彬彬有礼地承认他存在于哲学之内的资格。在马克斯·韦伯的丧礼之后，他就对雅斯贝尔斯这位新进的副教授有其独特的哲学表示了异议，他说："您根据马克斯·韦伯的学说完成了一种哲学，对此，也许无可厚非，但是您把他称为哲学家，这是毫无道理的。"② 李凯尔特最终无所顾忌地、常常有失雅量地抨击起这位走在哲

---

① 这里所说的"专任正教授"（Persönlicher Ordinarius）还是普鲁士时代的产物，它不是一个可以继承的教席，而是一种指定派给一个符合教授资格，但又没有空缺的教席的大学教师的位置。——译者

② H.格罗克纳：《海德堡画册》，波恩，1969年，第103页。

学的"心理学旁道"①上的教授。

　　虽然在《逻各斯》上发表这篇论文之后，李凯尔特有一次在文字上直接攻击雅斯贝尔斯，这就是他写的《生命哲学》一书，但他常常以居高临下的姿态间接地提到雅斯贝尔斯。他攻击雅斯贝尔斯是"尼采和克尔凯郭尔的仿效者"、是"浪漫主义的仿效者"、"超科学"、"心理学主义"、"生物学主义"。最无耻的攻击是由南德意志电台播放的他的题为《德国哲学中的海德堡传统》的报告。他阐述道，属于这一传统的有黑格尔、爱德华·策勒尔、库诺·费舍尔、保尔·亨塞尔、文德尔班、拉斯克，以及他本人和他的学生。对雅斯贝尔斯，他只字未提，因为"预言"和"超科学""同海德堡学派的哲学天生是不一致的"，因此它们"在我们的高等学府中没有生存的资格"。②

　　李凯尔特并且把这种间接的论战带进了他的讲课和他同雅斯贝尔斯一起参加的为数甚少的哲学社会活动中。正如路德维希·库提乌斯所报导的那样，在这些活动中，他总是掌握着"最后的、决定性的发言，不容反驳"。③同时他还网罗了一个思想团体。他同1922年应聘到海德堡的恩斯特·豪夫曼结成朋友，并给许多讲师在大学授课的资格，其中有：欧根·赫利格尔、海尔曼·格罗克纳、奥古斯特·福斯特。维系这个圈子的东西仅仅是对雅斯贝尔斯的自觉敌视。只有1923年在雅斯贝尔斯那里通过任教资格考试的埃利希·弗朗克同这个圈子没有关系。埃利希·罗塔克在这种派系斗争中持独立的态度。

　　李凯尔特晚年的这一悲剧是不可避免的。与胡塞尔、海德格尔、雅斯贝尔斯、舍勒、哈特曼和卡西尔相反，他失去了对大学生们的吸引力。对此他难以忍受。这个曾经出类拔萃的人物现在慢慢地销声匿

---

① H. 李凯尔特：《世界观的心理学和价值哲学》，载《逻各斯》第9期（1920年），第9页。
② H. 李凯尔特：《德国哲学中的海德堡传统》，图宾根，1931年，第9，10页。
③ L. 库提乌斯：《德国的和古代的世界》，斯图加特，1950年，第368页。

迹，正如瓦尔德·本杰明（他以前的学生）在海德堡所写的那样，他对此感到"阴郁和震怒"。①

当然，雅斯贝尔斯使李凯尔特的生活很不如意。整个的李凯尔特派都使雅斯贝尔斯感到厌恶。他对他们的作品几乎不屑一顾，无论是在文字上还是在讲课中他从不提李凯尔特和他的追随者。在一点上他毫不让步：当李凯尔特提出挑衅说，作为一位哲学家必须知道哲学是什么，并自称是一位哲学家时，雅斯贝尔斯奋起进行了还击。也许是因为对这位年长的同事的愤恨，他的还击是毫不留情、直言不讳的。至少李凯尔特这样抱怨过：雅斯贝尔斯简直"把轻蔑我的哲学当成了他的义务，而且他是那样的缺乏教养，竟然当着同事们的面令我难堪。"②两人之间的这场争论，在1931年雅斯贝尔斯的新作问世以后，以李凯尔特的失败而告终。

在与学院哲学的争论中，马丁·海德格尔的友谊援助了雅斯贝尔斯。雅斯贝尔斯同海德格尔是1920年在弗赖堡举行的胡塞尔寿辰庆典上相识的。③海德格尔原是胡塞尔的助教，1915年起当上讲师。他虽然当时还没有名著问世，但是已"名声斐然"，④他的名声是因为他讲课的内容特别丰富。1921年，他寄给雅斯贝尔斯一篇内容丰富的关于《世界观的心理学》的批判。他认识到，这本书是一种新的哲学研究的开端，对此表示了肯定；然而对此书的方法和提出的基本问

----

① W. 本杰明：《书信》，法兰克福／美茵，1966年，第一卷，第268页（1921年7月25日）。

② 格罗克纳：《海德堡画册》，第198页。

③ 这个说法与施皮格伯格的说法相冲突：后者确定雅斯贝尔斯访问胡塞尔的日期大致应当是1921年4月8日，即胡塞尔的生日这天（参见舒曼：《胡塞尔年谱》，同上书，第246页）。而从海德格尔与雅斯贝尔斯的通信来看，前者在1920年4月21日之前便曾在海德堡拜访过后者（《海德格尔－雅斯贝尔斯通信集（1920-1963年）》，法兰克福／美茵，1992年，第15页）。——译者

④ 遗稿。

题，他的抨击比李凯尔特还要"无情"①和猛烈。海德格尔是"唯一知道我尚不完善之处的专业同仁"。②尽管雅斯贝尔斯认为——胡塞尔亦有同感——批判中偶尔有些偏颇之处，但是把握问题的敏锐却使他感到快慰。从此以后，海德格尔经常去看他，有时还在他那儿住较长时间。"人们无法想象我那时感到的满足，在哲学同仁的聚会中，我至少有一位能够推心置腹认真交谈的人了。"③"我们的谈话是诚挚坦率的，这使我们畅所欲言。"④澎湃的热情和思想的一致⑤使两人的友谊与日俱增。他们俩都意识到，必须从同一个基础出发，共同为争取"哲学的新生"⑥、"根本性地改造大学里的哲学研究"⑦而工作。然而后来，当海德格尔的《存在与时间》，雅斯贝尔斯的《哲学》问世以后，他们两人都认识到，尽管他们提出的基本问题相近，但彼此思路相异。这时，雅斯贝尔斯仍梦想，通过双方坦率的相互质疑来维系他们的友谊。

然而，他的梦想没有实现。1933年他们的友谊宣告终结，他们的分手使雅斯贝尔斯痛心不已。

哲学系对雅斯贝尔斯的承认比全校还慢。他不仅被人当作一个外行而不被信任，而且几乎在所有德国思想界举行的会议上，他都常常被怠慢冷落。我们只谈围绕讲授统计学的讲师古姆普尔所发生的一桩冲突。1924年7月24日，和平主义者在海德堡市政厅召开集会。会上，古姆普尔请求与会者"追念阵亡者，他们——我不愿如此说——

---

① 遗稿。
② 书信，1931年12月24日。
③ 遗稿。
④ 遗稿。
⑤ 遗稿。
⑥ 遗稿。
⑦ 遗稿。

死于不光彩的战争,但是他们死得很惨"。① 古姆普尔立即受到众人的攻击。一个信奉民族主义的大学生小组要求校长免去古姆普尔的教职,原因是他"以无比令人愤慨的方式玷污了我们对为我们而英勇阵亡的英灵们的纪念"。② 校长办公室把学生的呈文转到系里。提议给予古姆普尔以纪律处分,于是组成了一个三人调查委员会,雅斯贝尔斯是该委员会成员。他建议去询问战争的参加者们,看他们是否为古姆普尔的发言而感觉受到侮辱。战争的参加者们矢口否认,于是雅斯贝尔斯写了一个符合事实的冷静的结论。"没有任何一个人的人格、没有任何一个民族受到了侮辱。只是理解战争荣誉和阵亡意义的世界观受到了伤害。它〔古姆普尔的话〕的意思是说,阵亡并不是一种特殊的荣誉,而是一种不幸,因而这样的战争即意味着人类的不光彩。"③ 因此雅斯贝尔斯提议让古姆普尔继续任教,三个委员会成员都在结论上签了字。但是,还在系里讨论这一结论之前,它的内容便透露了出去。在教授中,雅斯贝尔斯的提议引起了极大的震怒,这使得两个一起签名的人撤回了他们的签名并重新写了一份结论,而雅斯贝尔斯递呈上去的仍是原来的那份。这下在全系掀起了一场轩然大波。系方不顾雅斯贝尔斯一个人的反对,决定免去古姆普尔的教职。但是教育部没有首肯这一决定。

一年以后对古姆普尔进行了新的审理。这一次系方按照系主任路德维希·库提乌斯的意见,决定不免去古姆普尔的教职,但是系里公布了对古姆普尔的评语,评语说,"系里有古姆普尔博士这样的成员是令人不愉快的。"④ 雅斯贝尔斯深知,系里处理这一问题的矛盾性是对教学自由的背叛。他奋力为维护教学自由和在大学里真理绝对高于

---

① 《普法尔茨的使者》,1924 年 8 月 2 日。
② 致校长的呈文,1924 年,副本。
③ 遗稿。
④ 1925 年 5 月 16 日,哲学系的决议,第 7 页。

一切政治动机的原则而抗争。因而库提乌斯称他为"我们系里纯正无邪的人。他就像一只频率计一样忠实可靠,当一部机器有意识或无意识地通过某种决定损害精神自由的原则时,它就会指出其危险。"[1]

雅斯贝尔斯在系里显露出来的勇气以及他的意志所表现出来的正直赢得了一些同事的尊敬,甚至引起了少数几个人的倾慕。当时使海德堡光彩照人的一些重要的学者在雅斯贝尔斯看来都是思想高尚的人。他们是:考古学家路德维希·库提乌斯,雅斯贝尔斯热爱他的崇高思想;经济学家、社会学家阿尔弗莱德·韦伯,雅斯贝尔斯对他的博学和炽烈的激情感到钦佩不已;日耳曼语言学家贡道夫,他思想深刻、颇有见地,但为人不够圆通,雅斯贝尔斯对他也很尊敬,尽管对他的为人不甚了解;法学家古斯塔夫·拉德布鲁赫,雅斯贝尔斯推崇他的政治智慧和哲学素养;还有印度语言和文化的研究者海因里希·齐默尔、社会学家埃米尔·雷德勒、心理诊疗学家维克多·冯·魏茨泽克,以及神学家马丁·第伯留等人。这些人有时在礼拜天到玛丽安娜·韦伯家里举行"精神茶会"。在雅斯贝尔斯1928年拒绝了去波恩任教的邀请以后,全校的同事们举行了一个庆贺会表示对他的感谢。贡道夫为他写了一首诗,但是在庆贺会上并没有当众朗诵,因为这首诗是"无法上口的"。[2] 会上雅斯贝尔斯表达了对海德堡的敬意:"海德堡仿佛成了我的第二故乡,我指的是思想上的,而不是地域上的……。这里不同于世界其它地方,人们寻觅着他思想的敌手,因为只有同这位敌手在一起,才会有一条通向真理的道路……最终便是预想不到的、不可言状的幸福:发现自己可以在一个认识的世界上生活。"[3] 对于大学生们来说,雅斯贝尔斯就是这个世界上一个最

---

[1] 库提乌斯:《德国的和古代的世界》,第367页。
[2] 遗稿。
[3] 遗稿。

光辉夺目的形象，正是由于此人，大家才纷纷来到海德堡上学。

在这十年里，雅斯贝尔斯不声不响地完成了一批新著。在发表了《世界观的心理学》以后，他处在一个十字路口上。① 关于宗教心理学、伦理心理学、社会心理学和普通心理学的手稿已完成了初稿。"我以前所达到的水平，也许内容很丰富，但考察的方法在哲学上却没有理论根据；现在我的水平仿佛得到了提高，期望今后每一、二年便出版……这样一本书。"② 同埃利希·弗朗克的谈话以及海德格尔的批评使雅斯贝尔斯明白起来，"如果继续这样广泛地进行心理学考察，最终只会回避去理解此在之中的自我这样严肃的问题"。③ "必须使思维达到另外不同的水平，这就是说，必须下定决心一切从头开始。"④

这个开端有两种：其一是对大哲学家们进行彻底研究；其二是根据自己的方法去思考哲学究竟应该是什么，即是说，去思考个体的此在，以及个体在其此在中是如何暴露为生存的。这两种开端以及由此出发的道路并不是彼此分离的，应该从大哲学家那里找到验证自己思想的标准。因此研究过去的哲学，目标在于新的哲学研究；新的哲学研究只有在过去哲学的光辉下方可显出其光彩。

当时，雅斯贝尔斯决定"暂时停止发表论著"。⑤ 尽管他又出版了两部著作，即《施特林贝格和梵·高》（1922年）和《大学的观念》（1923年），但是这两部都是以前就送到编辑部的手稿。

雅斯贝尔斯把他的讲座和上课作为"对道路的摸索"，⑥ 把侧重点完全放在哲学史上的近代哲学，而且着重在于讲黑格尔（八节课）和康

---

① 《哲学与世界》，第313页。
② 同上书，第313，314页。
③ 同上书，第314页。
④ 同上。
⑤ 同上书，第315页。
⑥ 同上。

德（八节课），其次是谢林（两节课）和克尔凯郭尔（两节课）；最后才系统地讲授逻辑、伦理学和形而上学。自1927年起，他就把其重点放在大全哲学纲要上，1931年他第一次称这个大全哲学为"生存哲学"。"生存哲学"这个术语，他以前一直毫不怀疑地"认为它没有任何新鲜东西"，①但是1922年以后，他谈到"生存分析"（Existenzanalyse），并且在区分了"此在"（Dasein）与"生存"（Existenz）之后又谈到"生存的澄明"（Existenzerhellung），这样，自二十年代中期以后，他便需要"生存哲学"这个术语了。

1924年以来，他有计划地写一本能够测定生存的思维的全部广度的书。"这本书不是根据某种原则而设计的，它是一个统一的整体。"②1927年他同他正在柏林当医生的内弟恩斯特·迈耶似乎在进行某种合作。雅斯贝尔斯把他完成的章节寄给他内弟，恩斯特·迈耶再把它们寄回来，常常有十分尖锐的批评，有许多对雅斯贝尔斯的论述特别有用的修改建议。"这种哲学研究的合作到达如此程度，即我的主要著作……倘若没有恩斯特·迈耶，那简直是不可想象的。"③经过数年的合作之后，恩斯特·迈耶也化入了雅斯贝尔斯的思想，以至于最后他进行思维时就根据雅斯贝尔斯的思想。他后来的著作，首先是《无知的辩证法》这本十分重要、遗憾的是并不著名的书，其次是《批判虚无主义》，是同雅斯贝尔斯哲学保持思想一致并进一步发展雅斯贝尔斯哲学的仅有的文献。由于围绕着如何解释尼采，他俩之间展开了争论，这几乎导致他们友谊的破裂。在此之前，恩斯特·迈耶一直是雅斯贝尔斯"哲学上志同道合的朋友"。④

1931-1932年，长期的工作终于显露出成果：首先是他那本作为

---

① 《生存哲学》，第86页。
② 《哲学与世界》，第317页。
③ 《命运与意志》，第31页。
④ 同上。

"戈施恩"丛书系列出版的第一千册书:《时代的精神状况》。这本书与他以前的著作不一样,它立即使雅斯贝尔斯成为公众谈论的人物。接着又是三卷本的《哲学》,迄今为止在德语世界中,这仍然是唯一一部内容丰富的关于生存哲学的著作。最后的是关于马克斯·韦伯的论著,它从哲学上重新阐发了以前在悼念马克斯·韦伯时的讲话内容。

6. 日耳曼的结局

不久,雅斯贝尔斯的名声就被政治事件淹没了。"1933年这个年头的到来出乎我的意料之外,尽管事先早就有担心。"[①]几十年以来,他已注意到政治灾难的前兆:学校中的服从精神,国家思想支配大学的权力,1914年不现实的、近乎疯狂的群众对战争的狂热,接踵而至的是战败后的欺骗时代,背后中了一箭[②]的说法甚嚣尘上,不甘心德国永远不再作为一个大国而退出历史舞台。尽管他注意到了这些不幸的前兆,但是对于他来说,这一切并不是德意志特有的症状。他的"德意志"概念决不是一个政治概念,而是一个精神概念。"德意志"是"语言、故乡、出身"[③],它超越民族语言的界限,在诗歌、哲学、音乐和科学中进行精神创造。

由于集中于文化概念,因此雅斯贝尔斯相对说来长期对政治没有兴趣。"作为一名学生,我从未感到自己对事态的发展有何义务。"[④]尽管同马克斯·韦伯的相识以及第一次世界大战使他发生了某种程度的改变,但是这种转变主要是转向哲学家思想中的"大政治",其次

[①] 遗稿。
[②] "背后一箭"的传说(德文"die Dolchstoßlegende")是第一次世界大战后在德国流行的一种观点,认为德国战败是由于"后方的背叛",即革命所致。——译者
[③] 《哲学与世界》,第356页。
[④] 遗稿。

是国家领导人思想中的"大政治",而一直没有转向日常政治中的实在的具体行为。他于1930年写的《时代的精神状况》无论如何决不是对政治现状的分析,而是"对我们时代全部的道德、精神状况"[①]的分析。它并没有涉及到国家社会主义这一现象,也没有涉及到当时对犹太人日益加剧的辱骂。毫无疑问,在雅斯贝尔斯看来,国家社会主义以及反犹运动是通过服从和暴力来回避自由问题的一个简便易行的办法,他认为,这种运动在德国是"不可能"[②]胜利的。

天翻地覆的巨变使人"惊愕不已"。[③]一直到此时,雅斯贝尔斯仍难以相信这一事件的无比严峻性。当汉娜·阿伦特问他现在打算做什么时,他说道:"这一切只不过是一出短剧,我不想在此剧中当一名英雄。"当他听说阿伦特已亡命国外时,他认为,"流亡国外将是她一生中的愚蠢之举。现时的一切即将过去;我们所经历的是一场恶梦。"恩斯特·迈耶1933年夏天对他说:"人们终有一天会把我们犹太人赶进草棚并点火烧掉这些草棚子!"[④]但雅斯贝尔斯把此话当作变态的幻觉。"开始时,我真地抱有幻想。想到此我羞惭不已。我连最表面的结局都全然没有想到,却天真地认为这种胡作非为会迅速改变,政府会垮台。我不愿意立即承认这种恐怖。"[⑤]

幻想很快破灭了。新政府作为总体性的权力通过野蛮的暴行镇压每一种内部的反抗。"我们唯一的希望就是通过外部获得解放。"[⑥]然而这一希望也由于同梵蒂冈签订了条约、同英国签定了海军协定,由于对莱茵河沿岸国家的不受惩罚的占领而变得渺茫了。大学的状况更

---

① 《哲学与世界》,第350页。
② 同上书,第351页。
③ 《命运与意志》,第35页。
④ 同上。
⑤ 《煽动》,第159页。
⑥ 遗稿。

令人感到绝望，早在 1933 年夏初大学的纳粹化就完成了；科学家们背叛科学成了时髦的事情。雅斯贝尔斯终于意识到：德国成了一个国家社会主义国家。"我们德国人突然发现自己身居牢笼之中。"① 在这个国家里，雅斯贝尔斯即使没有反叛的挑衅，也是一个国家之敌，因为他的妻子是个犹太人。由于他是世界知名人士，因此被列入特许的与异族婚配者的名单。首先，他被允许继续发表著作；1935 年发表第一篇关于未来逻辑的论文，即《理性与生存》，1936 年发表论尼采的书；1937 年发表论笛卡尔的书；1938 年发表《生存哲学》这本小册子。其次，他还被允许教书。但是他"并没有曲意逢迎，只有一点除外，那就是：'种族'一词我不再提及了，对我 1933 年之前有时反对的'种族狂'，我一言不发"。② 由于他仍旧讲那些当时已遭指责的论题，讲耶利米、讲约伯，连续几周地讲斯宾诺莎，因此他必然会受到制裁，这已是人们意料之中的事。早在 1933 年他就被排除出大学管理机构。在同官员们打交道时，"所受到的限制是明显的。我的申请一概不予批准"。③1935 年，他放弃了哲学系的领导职务，因为他在系里已被完全隔绝孤立起来。有人警告他，扬言要去捣乱他的课，但是这种情况最后并未发生。1937 年下半学期上最后一节课之前不久，卡尔斯鲁尔地方政府通过学校通知他，根据重新安排公务人员就职的条令，为了"精简机构……他将退休"。雅斯贝尔斯像往常一样地讲完他最后一堂课，仿佛对这一指令毫不介意，只是在下课的时候他才说了几句。当听众后来有一天获知他再也不来讲课时，他这几句话就成了人们的一种纪念。他说："本学期末我经常说：哲学并不是一个圆满的整体——在计划完成之前，预定的课便中断，这正是哲学

---

① 遗稿。
② 遗稿。
③ 遗稿。

不完满的象征——，尽管哲学研究是成功的。课虽然停了，但是哲学研究仍继续不停。"①

经久不息的、暴风雨般的掌声告诉他，听众什么都明白，他们已听到了消息。果真如此，雅斯贝尔斯不再任教的消息已在海德堡不胫而走，通讯社把它传向了全世界。许多天里，他的学生、同事络绎不绝地来访；德国本土以及全世界的朋友们和学者们的来信纷纷而至。这显示了一种崇高的，但却是无声的团结。雅斯贝尔斯父亲的话一语打破了僵局。他说："我的孩子，事情到了如今这个地步，很好。我们不适应这个社会。"②

离开这所已经政治化的大学也许已不再是令人痛苦的事情，雅斯贝尔斯感到伤心和不安的是他将失去同那些直率地提出问题、进行批判的青年人的联系："往日每天都感受到给我的工作带来活力的青年们的要求，如今为了满足现实改造内心精神的需要而被自我设定的学科所代替了。虽然一切有思想的人都可以全心全意地致力于这些学科，但是这些人并未都能在大学里充当教师。"③

不久，他同公众的交谈也被打断了。帝国笔会自从1938年便开始阻挠他的作品的出版，1943年起又禁止出版，试图借以杜绝他可能产生的一切影响。这时，有个别朋友也渐渐变得胆怯起来，例如威廉·福特温格勒不再光顾他家。雅斯贝尔斯深切地感受到在自己国家中失去了法律保护，自己被逐渐抛弃。这使得他除了偶尔同少数几个可信赖的朋友联系之外，又返回到孤独之中。面对自己逐渐失去正当权利这种状况，雅斯贝尔斯并不只是消极地接受它，他常常力图用一切可能的方法来改变它。他想把自己的养老金（其收入已降至700马

---

① 遗稿。
② 遗稿。
③ 书信，1937年10月27日。

书桌前的卡尔·雅斯贝尔斯　　巴塞尔

"我祖父在耶伏尔建的房子"（油画）卡斯帕·索内克斯作

桑德布什（油画）

母与子（五月）

父亲：老年卡尔·雅斯贝尔斯

身着女孩连衣裙　三岁

爱娜、卡尔、埃诺三兄妹

"在小团体中"高中生雅斯贝尔斯（最右）

西尔斯湖（水彩画），雅斯贝尔斯作，1902年

阿尔伯特·弗拉恩克尔　　　　1901 年 4 月

向科学精神宣誓，1902 年 8 月

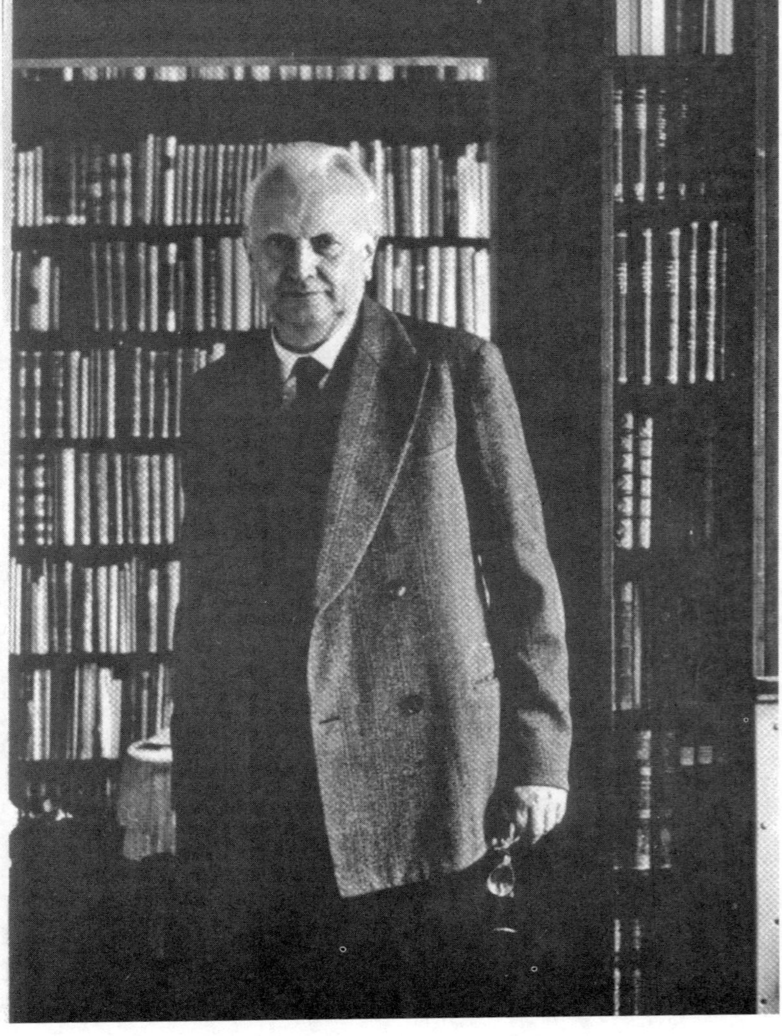

1905 年

格尔特鲁德·迈耶，1910 年

雅斯贝尔斯夫妇（约 1911）

在海德堡心理诊疗院图书馆（约 1911）

马克斯·韦伯 　　　　　　　　雅斯贝尔斯（素描），恩格勒作（1919）

海德堡 　　　　　　　　海德堡的住所

在巴塞尔

在和平颁奖典礼上

与梯罗·考赫的访谈(1960年8月)

和彼得·梅尔斯布格(1967年1月)

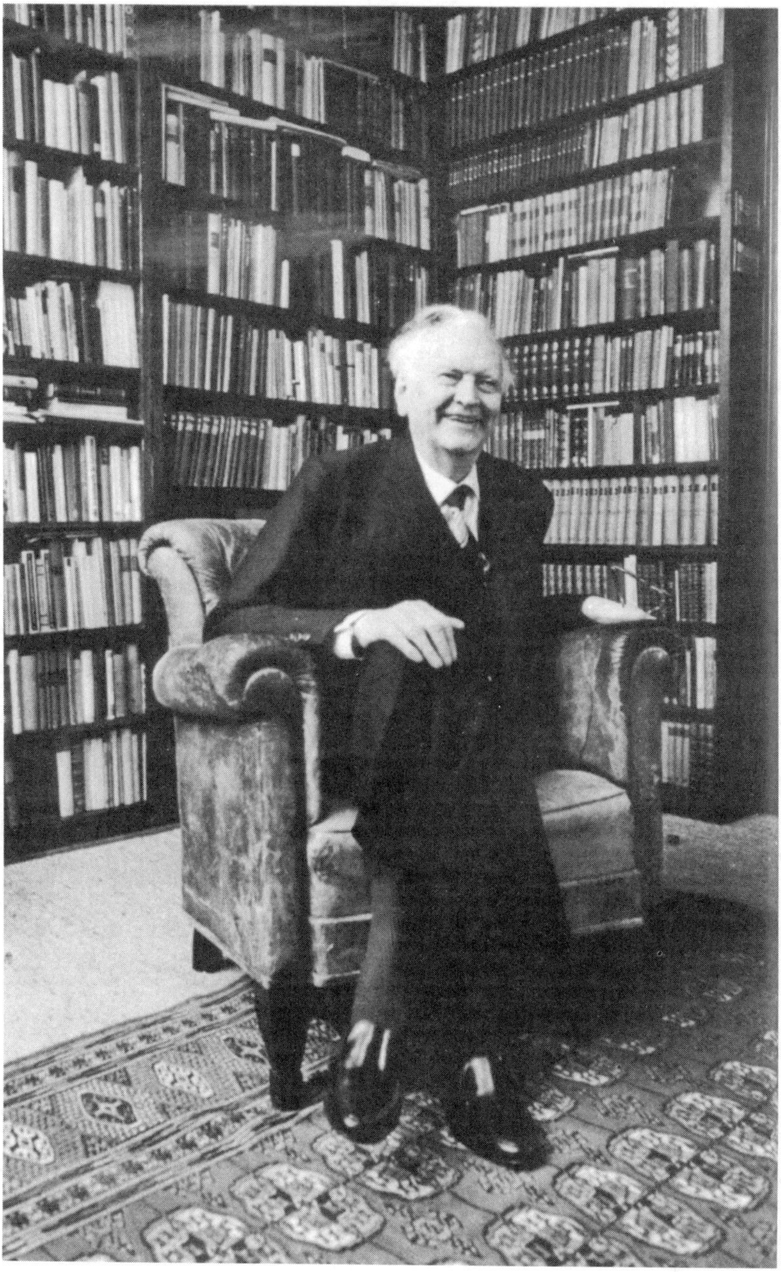

克）改成大学教师的退休金，从而至少在表面上要受到大学的保护。这一要求被拒绝了。针对禁止作家从事其分内活动的禁令，他试图再版那些已售完的著作，并出《普通心理病理学》一书的第四版。但是帝国笔会用法令威吓他，禁令要持续到战争结束。当秘密警察带走了他的女佣以后，他为了避免未来的危险，开始想退却。最后，盖世太保给他派来一个"半雅里安女子"作女佣，这是一个狂热的纳粹分子。从此，他和他一家便受到监视。

在被解雇前后，他曾设想过几个流亡方案。一开始他竭力争取到苏黎世作弗莱塔克的继任人。弗莱塔克是 1933 年退休的。于是雅斯贝尔斯便向埃伯哈特·格里斯巴赫提出接任弗莱塔克的申请。1936 年 3 月他在苏黎世作了一次报告，以此向苏黎世作了自我介绍。在他被解职以后，他在海德堡认识的管理法法官弗里茨·弗莱纳四处张罗为他谋职。1937 年 9 月，雅斯贝尔斯得到通知：职业已经找到。可是弗莱纳 10 月间猝然去世。于是雅斯贝尔斯不得不仰仗格里斯巴赫，可是格里斯巴赫嫉怕这位比他高明的同事，因此雅斯贝尔斯始终未能找到职业。

1938 年雅斯贝尔斯接到去伊斯坦布尔任职的邀请。此事传入了文化部长的耳中，他让人转告雅斯贝尔斯，这种申请是不会被批准的。朋友们竭力想为他在英国谋职的努力也毫无进展。雅斯贝尔斯夫人的表兄保尔·哥特沙尔克在爱因斯坦和托马斯·曼面前游说，希望他们从中斡旋，请普林斯顿学院聘用雅斯贝尔斯。爱因斯坦写了几封联系的呈文，但是他感到无法举荐雅斯贝尔斯，因为在他看来，雅斯贝尔斯的哲学同黑格尔的哲学一样是"醉汉的胡言乱语"。托马斯·曼只是说："哦，他现在也终于想到这里来啦，这自然使我们荣幸之至。"正式邀请竟然拖至 1951 年！雅斯贝尔斯一口拒绝了这一邀请。

1939 年人类学家卢辛·莱维－布尔以"国家科研基金会"的名

义邀请雅斯贝尔斯去巴黎，在那里将授予他研究员之职，这样他便可能不承担任何义务地继续进行他的工作。战前数年中他最亲密的朋友海因里希·齐默尔同其他人一起反复敦促他接受这一聘任。"在这些人的眼中，假如我留在这里，就是道德上的堕落。"①但是他对异国语言的畏惧过于强烈、担心这个邻国政治上过于动荡不安、收入低微，而且德国毕竟是他难以舍弃的故乡。因此，雅斯贝尔斯又拒绝了这一邀请。此后不久，德国军队便开进了法兰西。

1941年出现了最后一次流亡国外的机会。巴塞尔的医生维舍尔博士——阿尔伯特·弗拉恩克尔的一位朋友——自1934年以来就一直在为雅斯贝尔斯谋职而奔忙，通过他的努力，巴塞尔自由科学院基金会邀请雅斯贝尔斯在大学里主持为期两年的讲座。这一次，雅斯贝尔斯倒是欣然同意的，但是他的申请遭到帝国教育部的拒绝。而巴塞尔的基金会却坚持邀请。邀请书间接地转至魏茨泽克的国家书记恩斯特·弗莱赫尔手中。这样，去巴塞尔的申请终于获准，当然是有附加条件的，这就是：假如他的妻子想陪同他去的话，"在目前的情况下是无法允许的"。②于是瑞士驻斯图加特市领事馆又通知雅斯贝尔斯，他夫人在两个月内可以在任何某个地方过境入瑞士。然而这一通知仍无法改变德方的立场。雅斯贝尔斯明白，他再也不能离开德国了。

对于在德国应该恪守的原则，他早已经过深思熟虑。这些原则简单地概括起来就是：由于体弱多病，积极进行反抗是不可思议的；由于已明令禁止他公开发挥自己的学术影响，因此他并不想作毫无意义的无谓牺牲。他为自己和妻子选择生活的条件是：这种生活必须是两者共同的生活，必须是保持一定尊严的生活。他同所有人的谈话都小心谨慎，只是同那些衷心希望德国失败的人才说些心里话。在同纳粹

---

① 《命运与意志》，第156页。
② 书信，托瓦多夫斯基公使致雅斯贝尔斯，1942年6月15日。

打交道时，他不卑不亢，举止从容；有时也说些谎话，因为禽兽是无权要求真理的。但是他从来没说过一句可能被理解为支持政府的话。他在一点上毫不妥协，这就是：倘若要杀害他那个备受迫害的妻子，那么就得把他也一同杀掉……。"如果她死了，而我却活着，我是无法忍受的。"[①] 他不愿受到暴力的凌辱，例如被逮捕之类。因此为了应付最危急的情况，他保留着他"最后的避难所"[②]——自杀。

雅斯贝尔斯通过他当医生的朋友瓦尔茨·楚安卡利弄到了自杀的药物。这些药白天放在橱中，夜间放在床头柜上，盖世太保说不准哪天一清早就来。他写就了遗嘱并设法购置一块可以埋葬全家人的坟地。但是纳因豪斯市长不允许他购买，按规定犹太人都被集体葬在路边。这次的拒绝象征着一种革逐，对雅斯贝尔斯的震动"空前"巨大。"有某种东西被这样扯断了，而且再也无法修复。亲身感受到自己被这个犯罪的国家革逐出自己的民族，这改变了我同这个民族的关系。"[③] 遗嘱中他写有如下的附言："无论如何，我的尸骨都必须同在我的妻子死后与之同葬的人葬在一起。假如官方规定了我妻子遗体的葬地，那么我的尸骨也必须葬在同一个地方。"[④]

在那些灾难深重的岁月里，雅斯贝尔斯夫人不得不两次以魏特曼太太的身份隐匿在爱米尔·亨克家中，通过亨克，雅斯贝尔斯获知，他的异族婚姻使他受到的威胁越来越大。这个消息是柏林的女警医格里塔·舍尔沃特夫人告诉亨克的。倘若这会招致一场搜捕的话，那么就佯称雅斯贝尔斯夫人已经自杀。为此而努力的除了亨克以外只有少数几个人。其中有亚历山大·米切利希和罗特太太，后者是一个普通平民的妻子，雅斯贝尔斯做学生时曾寄居她家。假如盖世太保不相信

---

① 《命运与意志》，第158页。
② 《世界观的心理学》，第410页。
③ 《命运与意志》，第158页。
④ 遗稿。

他们编造的谎言，而雅斯贝尔斯本人又不得不尽最大努力以免于被捕，罗特太太就去亨克家中把雅斯贝尔斯夫人接走，以防亨克受到株连，然后再领雅斯贝尔斯夫人去森林之中她的家里躲避起来。直到楚安卡利为雅斯贝尔斯弄来了自杀的药，他们才中止了这样的安排。关于他们夫妇的双双自杀，雅斯贝尔斯已写好一封信给医生："我代表我们俩声明，我们不希望抢救；相反。如果死亡没有立即降临的话，我们恳求采取无痛致死的措施。"①

1945年3月，亨克通报了这样的消息：作为"最终解决"②的措施之一，雅斯贝尔斯和妻子将于4月14日被遣送走。在此之前的数周中已遣送了不少犹太人。3月30日海德堡被美军占领，雅斯贝尔斯夫妇逃脱了被押遣的厄运。"作为一个德国人无法忘记，他和妻子得以生存归功于美国人，而那些以纳粹德国国家名义的德国人却要把他置于死地。"③

对于许多朋友来说，纳粹时代的覆灭来得太迟了。雅斯贝尔斯的女朋友、女学生阿弗拉·盖格尔在拉文斯布吕克集中营被杀害；著名矿物学家哥尔德施密特的遗孀当时已八十高龄，她在被遣送之前自杀身亡。雅斯贝尔斯授予博士学位的泰奥多尔·霍巴赫在最后一次到海德堡拜访雅斯贝尔斯之后不久便被捕，接着便被枪杀了。他最钟爱的一个学生汉斯·坎布迈耶在列宁格勒阵亡。究竟还有多少学生、熟人遭到这样的厄运，他无法确知。

然而，在这个灾难深重的时代也有缕缕光明和许多慰藉。

雅斯贝尔斯的许多学生对他几乎保持着不渝的忠诚。他们都是来自平民阶层的普通人，经常关心着雅斯贝尔斯。为了祝贺雅斯贝尔斯

---

① 遗稿。
② "最终解决"（德文：Endlösung）：1942—1945年希特勒法西斯分子灭绝犹太人的代用语。——译者
③ 《哲学与世界》，第353页。

的 60 岁寿辰（1943 年），德国以及全世界的学者们写了一篇热情洋溢的纪念文章，有不计其数的祝贺信函来自世界各地。尤其使他感到慰藉的是他仍在不停工作。在整个纳粹主义时期，他同妻子一道勤奋地工作不息。"我们几乎没有考虑到读者。我们只是为自己而写作，纵使我们会像老朋友们一样连苟活也不可能。"[1]

诞生于恐怖之中的著作理所当然地不同于那些政治化的科学家们所写的那些不可靠的东西；它表现出与科学的纯洁的联系；它不同于政治迷信，而表现出哲学信仰的坚实基础；它不同于在龌龊现状中的堕落，而表现出伟大传统的实质。奔放的创造力使雅斯贝尔斯的作品源源不断地产生。他于 1941 年 7 月至 1942 年，即用了一年不到的时间彻底重新修订了《普通心理病理学》一书，接着他阐明了哲学信仰，以此作为进行哲学研究的基础，这项工作是他在其未发表的著作《哲学研究的原则》中完成的。他对理性的执着追求可以参见他的《哲学的逻辑》第一卷（《论真理》）。他认为，伟大传统的实质应该体现在世界哲学史中。"鉴于目前的情况，西方的全部历史需要更加严格地检验思想家们。这样，下面的问题就豁然明了，这个问题就是，这些思想家们究竟在何种意义上才是能够奋起反对恐怖这种壮举的创导者和保护人；他们在何种意义上又是使这类恐怖成为可能的开拓者。"[2]

科学的纯洁性、信仰的明晰性、对理性的执着、伟大传统的实质，这一切都归结为雅斯贝尔斯的基本意志，这就是：它们应该表现出在全部思维领域里进行交往的可能条件，而这种交往在总体性国家是被抑制的，甚至已经失去了可能性。因此，雅斯贝尔斯当时可能进行的反对那个时代的斗争在某种程度上只能是这样一种斗争：它不是

---

[1] 《哲学与世界》，第 368 页。

[2] 同上书，第 383，384 页。

公开的反抗，而是内心的抗争和思想的叛逆；它不是政治行动，而是在净化一切理性的政治基础。

在这些年谨小慎微的沉思中，除了自己和妻子的生命以外，雅斯贝尔斯没有能拯救任何人的生命。他没有证明真理。只是默默地工作，独善其身；他没有铤而走险，充其量只想用自杀来结束面临的暴力；他不是一位英雄，只是不顾一切地保持着对理性的执着信念。

战后不久，好多家报纸载文，把雅斯贝尔斯描绘为一位英雄。雅斯贝尔斯在《莱茵－纳卡报》上发表了一篇声明，"反对这种虚假的颂扬：失真是有害的，即使它出自善意……对这种虚假的颂扬，我们在纳粹时代以后比以往任何时候都更反感。我不是英雄，而且也不想当这样的英雄。"①

他在第一次公开表达对希特勒国家的看法时又讲过类似的话："我们这些幸存者没有去寻求死亡。当我们的犹太朋友被押遣走的时候，我们并没有上街示威，也没有大声呐喊。我们没有这样做，哪怕自己也遭杀害。相反，我们苟且地活着，其理由尽管是正当的，但却是那样的软弱无力，这个理由便是：我们的死亡无济于事。我们仍然活着，这就是罪过。在上帝面前我们知道，我们受到过何种屈辱。"②

7. 错失了转机

战争结束之前不久，雅斯贝尔斯在日记中写道："凡是幸存者必须肩负一个使命，为此应付出他的余生。"③ 雅斯贝尔斯给自己确立的使命由于其基础的双重性，即既要立足于创作的连贯性，又要立足

---

① 《莱茵－纳卡报》，1946年1月25日。
② 《希望与忧虑》，第32页。
③ 日记，1945年3月20日。

于政治现实，因而这一使命亦有其两个方面的规定。一方面，在完成《哲学的逻辑》和《世界哲学史》这两本应该成为新出现的"世界哲学"之基础的著作时，必须"停止现实生活中的作力"；① 另一方面，政治局势要求对混乱的德国现状进行思想的干预。"于是我们说试图——而且不得不如此——在思想上去了解并适应这无比紧迫的要求"。② 战后的头几年里，雅斯贝尔斯想要用思想干预时局的想法占了主导地位，但是其内心深处孜孜以求的是把自己的思想进一步发展为世界哲学。

海德堡被盟军占领以后，雅斯贝尔斯首先想到的是重建大学。这时，学校已关闭，大楼被占，图书馆被美国人占用。在占领者的眼中，这所大学有双重意义的声名。作为德国最悠久的高等学府，它闻名于美国；作为这个城市的大学，它简直享有一种神奇浪漫的声誉。然而另一方面，它又有"纳粹思想最甚的大学的名声"。③ 1933 年以来的校长都是死心塌地的纳粹分子。即使在纳粹崩溃的那一年，大学领导机构的成分仍然是耸人听闻的：校长施密特赫纳是国家冲锋队的显赫人物；副校长费尔勒是个狂热的纳粹分子；评议会主席克里克是教育界鼓吹国家社会主义思想的宣传家。由于这些原因，美国人疑虑重重，在一段时间内给重建大学的谈判增加了困难。

四月四日，在爱米尔·亨克家中举行了第一次有两个美国人参加的关于大学事务的谈话。除了亨克和雅斯贝尔斯以外，出席会议的还有拉德布鲁赫、阿尔弗莱德·韦伯、古典语言学家雷根波根、米切利希和雅菲夫人。第二天在雅斯贝尔斯家中组成了一个促进大学重新开放的十三人委员会。委员会首先必须组建一支新的教师队伍。由雅斯

---

① 遗稿。
② 《希望与忧虑》，第 30 页。
③ 恩斯特："海德堡大学的新开端"，载《海德堡年鉴》第 4 期（1960 年），第 2 页。

贝尔斯、拉德布鲁赫、第伯留和历史学家弗里茨·恩斯特组成的下属委员会给文科各系的讲师逐个撰写关于他们不是纳粹分子的鉴定。当时，雅斯贝尔斯提议不让教授们任教，因为"第一，他们无论在其业务活动还是非业务活动上都玷污了他们职务的尊严；第二，他们热衷于派系之争，而把科学目的、科学方法和科学成果置之脑后；第三，他们利用其派系的势力排挤或伤害同事和学生。"① 当时，全校只有22名"与纳粹没有丝毫瓜葛的"② 讲师，他们大都是1933年以后被降职为讲师的教授。教师人数少得这样可怜，这使得关于教师一律要与纳粹毫无关系的要求变得不可能了。

1945年8月，在十三人委员会内部举行了第一次选举；这个委员会中最能干的外科医生卡尔·海因里希·鲍尔被选为第一任校长。弗里茨·恩斯特被选为副校长，雅斯贝尔斯被选为评议会主席。一周后学校重新为青年医生开设了进修班，11月恢复了神学系和医学系，1946年9月全校恢复正常。1945年9月，雅斯贝尔斯正式（实际上他从这一年4月1日起）投入了他的工作。

雅斯贝尔斯对大学重建工作的贡献是巨大的。最初一个阶段，他迸发出高昂的精神活力，举行无数次谈话、同外界进行广泛联系，支撑着疲惫之躯参加各种会议、给聘请的讲师作鉴定、制定章程、为报纸撰稿并发表一篇重新阐述"大学思想"的文章。在关键时刻他公开讲演，用他的思想水准和他全部的人格赢得了军管政府对大学的尊敬。一度，他成了学校的代表和保护者。

这一时期，他希望实现自己的办学思想。他的办学思想虽然仍以古典的模式为榜样，但也兼顾到当时的时局。"高等学府1933年失

---

① 遗稿。
② 1945年10月11日校长致军事政府的报告。

去了尊严",① "我们大学的新开端不能……仅仅是简单地回复到1933年以前的状况。它经历的事情太多，遭受的苦难太深重了。"② "今天要做的首先是：废除任何形式的领袖原则，这是大学生活无法容忍的……"③ 必须反对教授们的三种危险：冥顽守旧、特权化和结党营私。④

"学生有学习自由，只要持有选了一定课程并听了这些课的证明便可不再考试。"⑤ 讲师与大学生"同属成就和品格决定的精神贵族等级，它是一个以民主形式管理的等级"，⑥ 在这一等级中存在着一种相互理解关系。

大学的任务首先是致力于纯洁的科学。它虽然处于"不受国家约束的天地里"，⑦ 但是它并不在政治生活的彼岸。"这个时代所真正必需的"⑧ 是要明确教与学的对象。"经济学、政治学和社会学问题现在比平静的、相对稳定的时代里显得更为重要。在今日之德国，重新造就我们的社会意识是研究的主要问题。"⑨

雅斯贝尔斯的上述要求只有少数几项得到了实现。人们选择的大体上仍然是1933年之前的那种大学模式。在艰难时期，雅斯贝尔斯未固执己见，他不愿由于这些争论而拖延大学的重开，尽管他当时或许也预感到，"在旧大学的模式彻底完蛋之前"，所谓复兴，"只是空

---

① 遗稿。
② 《希望与忧虑》，第32页。
③ 遗稿。
④ 遗稿。
⑤ 遗稿。
⑥ 遗稿。
⑦ 遗稿。
⑧ 遗稿。
⑨ 遗稿。

中楼阁，也许只是个肥皂泡"。①1946年夏他被选为评议会名誉主席，这使他清醒地认识到，他的影响在大学里消失了。

1945至1947年同时又是雅斯贝尔斯撰写政治著作的第一阶段。他这时处于一种矛盾的心境。一方面他明白，父亲1934年对他说的话——"我的孩子，我们失去了祖国"②——的确应验了；另一方面他又感到，"只是现在，在1945年之后，我才能够毫无顾忌地说，我是一个德国人，我爱我的祖国"。③正是由于这种爱，他真诚地希望，"作为一名政治作家同其他的政治作家一起，赞成现在盟军的帮助……做建立新国家的德国人。"④由于当时一切权力都归军政府，因此雅斯贝尔斯认为，作家不要积极地干预日常政治问题，而要"致力于制定一部国内的精神－道德宪法"，⑤它才是一切未来政治的根据。为了使这部宪法清晰易懂，他想有意识地去把握历史，把近十二年发生的事情放在历史背景中来考察，把现在作为起步的零点，开创未来的前景。于是，他对当时那几年中的政治思想提出如下的要求：必须总体地抛弃纳粹时代，而不能只是部分地抛弃它。"凡是原则坏的地方，不可能有好的结果，即使它外表上乍看起来似乎是好的。"⑥虽然人们为了将来想同现在的时代保持某种距离，但是他们却摆脱不了过去。纳粹时代在德国生活的人，如果他积极地参与了罪恶战争的准备以及对人类犯有罪行的话，雅斯贝尔斯就认为此人在道德上是有罪的；如果他"以有罪过的被动性"⑦忍受了所发生的事件，不想进行公

---

① 日记，1945年。
② 书信，1949年6月30日。
③ 遗稿。
④ 《命运与意志》，第37页。
⑤ 《希望与忧虑》，第19页。
⑥ 遗稿。
⑦ 《命运与意志》，第37页。

开的反抗而牺牲自己的生命，雅斯贝尔斯就认为此人负有政治责任。从政治责任的意义上来说，所有战后幸存的公民都有责任；从道德上有罪的意义上来说，只是个别人有责任。因此集体罪过只是指集体责任而言。因为无人可以逃脱这种责任，所以大家都要着眼于未来，把现时的零点当作转折点，由此而通向自由和民主，通向各民族的统一，进而扩展到欧洲的统一、西方的统一，以及世界的统一。我们所开拓的事业是"非凡的共同命运，即世界之统一，由于技术现实，这种统一已如此确凿无疑地展现在我们面前，就像当年在地中海沿岸人民面前的罗马帝国一样。"①

为了传播上述这些思想，雅斯贝尔斯竭尽了全力。在重新开讲的第一堂课上，他便阐述了这些思想，并根据这些阐述发表了他的也许是最优秀的政治著作《罪责问题》（1946年）。1945年他同道尔夫·施塔恩贝格一起，在维尔纳·克劳斯和阿尔弗莱德·韦伯的配合下，创办了《转变》杂志，想以此作为研讨道德和政治复兴问题的论坛。在其存在的短暂时间里，（至1949年），这份杂志达到了颇高的水平，这得归功于为它撰稿的那些人，他们是：雅斯贝尔斯、汉娜·阿伦特、贝尔托尔特·布莱希特、托马斯·曼、马丁·布伯、卡尔·楚克梅尔，爱略特、奥登、萨特、加缪等人。托马斯·曼曾经称赞这份杂志是"我迄今为止在新德国见到的最优秀的、观点最明确的，道德上最令人鼓舞的杂志。"②

在当时的德国，雅斯贝尔斯也许是最洪亮的声音，在世界上也是人们怀着敬意去聆听的为数不多的声音之一。他很快成了新德国精神的代表人物。作为这种代表人物，他于1945年回击了西格利德·温德塞特对整个德国民族和德国民族精神史的猛烈攻击。1946年他应

---

① 遗稿。
② 托马斯·曼：《1937—1947书信集》，美茵河的法兰克福，1963年，第482页。

邀去日内瓦参加第一届世界哲学大会,同格奥尔格·卢卡奇、尤利恩·本达、斯特芬·施本德、格奥尔格·伯那努斯等人讨论欧洲精神。整个会议的中心便是雅斯贝尔斯与卢卡奇两人之间常常十分激烈,但一直没有分出胜负的争论,以及他们两人的报告。梅洛－庞蒂和卢森·哥尔德曼后来声称卢卡奇是胜利者;让·华尔试图不偏不倚;斯特芬·施本德却从雅斯贝尔斯那里"获得了绝对美好的印象"。① 这几年中发表的主要著作:《普通心理病理学》修订本(1946年)、《论真理》(1947年),以及上述活动一起表明:他不愧为新政治意志、科学和哲学的精神代表者。

雅斯贝尔斯并不贪求这种代表资格。"我不以德国的名义,也不以德国精神生活的或是以别的什么名义说话,我仅仅以一个德国人的身份发言。"② 透过这种代表的光彩,他看到,"我所写的东西几乎被忽视了"。③ 读他《罪责问题》一书的人比读他其它书的人少了,而且德国——其中有美国人的责任——不久便走上了与期望不同的政治道路。雅斯贝尔斯对德国错失了转机而无可奈何,于是他渴望抛开"被吹捧起来的假名气",④ 回到安静沉默的工作中,这才是他真正的使命。

当埃德加·萨林1947年转达巴塞尔大学请他去客座教授的邀请时,雅斯贝尔斯正处于上述那种心境。一年前他拒绝过类似的聘请,这次他接受了。他知道,巴塞尔的人们想见到他、听他讲课,让他接替保尔·荷伯林的职位。1947年7月,他在"水泄不通"⑤的礼堂里作了五次关于哲学信仰的讲演。该月底,监护人问他,是否愿意到巴

---

① 《呼唤》,1947年3月1日,第5页。
② 书信,1946年6月11日。
③ 书信,1947年1月31日。
④ 书信,1953年2月25日。
⑤ 《国家报》,1947年7月8日,第307期。

塞尔来任职，9月初巴塞尔政府又通过人问及此事，雅斯贝尔斯没有一口应允，只说或许会接受。在巴塞尔赞成和反对他来任职的人展开了争论。巴塞尔大学哲学系对他的任职表示有保留的支持；学校领导之中有不少神学家反对；舆论界反应不一。然而他的任职对于学生们来说却是"求之不得的"。① 12月，巴塞尔大学派出一个协商代表团到海德堡，同月萨林就把聘书正式转交给雅斯贝尔斯。

但是雅斯贝尔斯执意要在迁居之后再任职。他把受邀之事立即通知了卡厄斯鲁尔州教育部，不久教育部转来如下的答复："对于您仍留在海德堡，我们给予极高的评价。"② 1月初教务处提供他"高得几乎要超过规定的优厚待遇"：③ 月薪16000马克，其同事的月薪也保证高于7000马克。他的收入保证在当时的最高水平，课时减至每周两节，保证配有一名助教；每四学期有一次休假，免受国家考试。与此同时，市议会、校长、系主任和评议会一再恳切地请求他留在海德堡，并十分委婉地提醒他想到自己的责任。学生会递交给他一份有四百多人签名的恳求信，信的结尾这样写道："我们尊敬您，我们需要您，我们恳请您留下。"④ 许多个人的来信也都表达了类似的请求。

2月底，经过长时间的"权衡思量"，⑤ 雅斯贝尔斯决定接受与海德堡所提供待遇相比十分微薄的巴塞尔政府（它对海德堡提供的待遇一无所知）提供的收入：月薪13200法郎，不保证其同事的收入，如果他在三年之内就离开巴塞尔的话，就必须支付这种变动的赔偿，退还他收入的一半；每周至少上五节课，无其它优惠条件。然而按照军政府的规定，他未获准出国。多亏埃德加·萨林在谈判时的随机应

---

① 书信，K. 施尔尔伯博士致雅斯贝尔斯，1948年2月7日。
② 书信，1947年12月29日。
③ 《莱茵－纳卡报》，1948年3月29日。
④ 书信，1948年1月8日。
⑤ 遗稿。

变，军政府最后才同意他出国一年。他的藏书和家具准许随身携带。因此人们是想到他不会再回来了。1948年3月21日巴塞尔的一部警车驶来海德堡接他。雅斯贝尔斯乘车离开，没有告别，决定一旦遇到些许麻烦就下车回家，然后就永远留在海德堡。然而整个旅行顺畅无碍。第二天，当他的藏书也到了巴塞尔以后，他才正式接受聘请，分别致函给海德堡大学和海德堡市政府，并递交了一份公开声明，这是一份安抚人心的辩护词，声明说，吸引他的是政治自由、欧洲的辽阔以及布克哈特、尼采和欧文贝克的精神。"我之所以做出这样的决定是因为我关切我一生为之奋斗的事业。我的使命是哲学，无论我身在何处，我都要完成我的职责，为全然超民族的使命服务。倘若我留在这里［海德堡］，我决不后悔，正如我去巴塞尔也不后悔一样。"[①] 二十年以后，他才透露了促使他流亡国外的原因。1948年那个时候也许主要有两个原因：第一，当时他那位犹太籍妻子逐渐了解了屠杀犹太人的真相，她"心中不断为昔日的魔影所折磨"，[②] 雅斯贝尔斯不希望妻子继续生活在德国。第二，在重建大学那段劳碌奔波之后，他企求"消遥的隐士生活"，[③] 对于这种生活的现实性，他是梦寐以求的，安静、自由，"除了哲学别的什么也不管"。[④]

对他的出走，德国新闻界反应十分强烈，仿佛在对他进行审判一般，并想剥夺他的国籍。"叛徒"、"逃亡者"等尖刻的词句接二连三出现。对他的指责主要是：雅斯贝尔斯曾经说要争取一个较好的德国，可是如今却为了较优裕的生活而远离了生活艰苦的德国，他曾经提醒人们要共同肩负起大家息息相关的命运，但是现在他却逃避了；他曾经使德国青年展望到未来德国的前景，然而在为这一前景而奋斗

---

① "公开的声明"，《莱茵-纳卡报》，1948年3月24日。
② 遗稿。
③ 书信，1949年7月10日。
④ 《命运与意志》，第183页。

时，他却抛下了青年。雅斯贝尔斯把当时的报纸剪辑起来，一一作了评论并准备作公开答复。可是他一直没有这样做，因为他的回答过于凄楚了："我最近三年的活动笼罩着何等沉重的阴霾！……人们把我当成了电影明星……不了解我的思想……我的所作所为都是些独角戏啊。……我抛却那贫乏空洞的声名遁入这种无声无息的生活。"①

德国没有原谅他的"逃亡"，从1948年起开始对雅斯贝尔斯的著作及其人格进行了公开的批判。

8. 逍遥的隐士生活

在经历了恐怖和重建的那些年代之后，雅斯贝尔斯感到生活在一个既具有伟大传统、又没有遭受劫难的城市里是非常舒适的。在巴塞尔他有良好的工作条件，"一个可靠的、法律的和人道的天地……一种自由的空气……一种安全感"。②巴塞尔大学虽然规模小得可一览无余，但是它拥有一些世界知名的学者；随着时间的推移，在他的周围聚集着态度友好、乐于相助的人。有时他的朋友也到巴塞尔来看他，开头几年有恩斯特·迈耶和格罗·曼；后几年有劳尔夫·豪赫胡特以及难得来上一次的鲁道夫·奥格斯坦；在数年之中不断来看望他的是耶纳·海尔施、汉娜·阿伦特及其丈夫海因里希·布鲁艾歇，他们夫妇二人在恩斯特·迈耶去世以后是雅斯贝尔斯最投机的谈话伙伴，是他最知心的朋友。这时，他创作时有意识地避开由于年高而造成的特殊危险，不做"自己以前所写著作的奴隶"，③而尽可能对"我所理解的哲学再做一次全面的修正和回顾"。④他感到轻松愉快，犹如"站在

---

① 遗稿。
② 遗稿。
③ M. 兰特曼：《回忆卡尔·雅斯贝尔斯》，第14页。
④ 遗稿。

一扇恰巧自动打开的门前，一切哲学之基础的决定性的突破性发现，现在似乎将由我来完成了"。[1] 在巴塞尔的最初几年，在他有所突破的基础上，他不遗余力地发展他称之为世界哲学的交往哲学，并且有意识地使教学活动服从于自己哲学研究的步调。

1948年夏季学期开始直到1961年夏季学期结束，雅斯贝尔斯一直在巴塞尔大学任教，共作了二十四次讲演和二十二个专题报告，其中有十五次讲的是哲学史。像以前一样，他专题报告的重点是康德、尼采、克尔凯郭尔和黑格尔；他的讲演贯穿历史上的各个点，即"世界哲学通史"。有九次讲演、七个专题报告具有系统性，其中首先讲哲学史问题，其次是哲学的逻辑问题，最后是重要的宗教哲学问题。

这里难以用寥寥数语来概述雅斯贝尔斯在巴塞尔大学的地位。但有一点是清楚无误的，这就是：学生们尊敬他，然而他们也许只是知道，他们有一个雅斯贝尔斯这样的老师。在校系领导那里，他的话虽然有分量，但很少起决定性作用。大多数同事们都尊敬他，有些人通过私下交谈对他有较深入的了解，有少数人爱戴他。他没有同任何人结为知己，孤傲清高，对所有人保持着一定距离，远远地注视着别人的创作活动。政府机构对他礼遇周全，但从未给过他特别的优惠。直至去世，雅斯贝尔斯的收入一直十分菲薄，几乎连自己也养活不了。他的创作活动需要科学助手，但是他连申请的勇气都没有。他有一名助手，但此人并不是专门为他一人配备的。政府总理的见解十分正确，尽管为时太晚了（在雅斯贝尔斯的追悼会上的悼词），他说：巴塞尔为雅斯贝尔斯做的事太少了。

在巴塞尔的这些年里，他的创作勤奋不辍，涉及很多方面。除了为数甚多的文章以外，他出了二十本书，平均每年一本。在巴塞尔的二十年中，他一直在系统地撰写哲学史著作；后十年里他写了一些政

---

[1] 遗稿。

治性文章。在这二十年里，大众媒介——电台、电视和报纸——无时不在注意他，把他的名字传向四方。

他晚年这些系统性著作主要有两个方面的新主题：其一是建立一种现代的历史哲学，它不是杜撰式的推断，而是经验地找到全部历史的中心，即找到"轴心时代"（Achsenzeit）（见《历史的起源和目的》，1949年）；其二是勤奋地完成宗教哲学思想（关于这方面的情况见他晚期的系统著作《面对启示录的哲学信仰》，1962年）。在他的论述中，有一个观点愈来愈引人注目，这就是：必须把哲学的实体——倘若它已经被制造出来——变成一种简单的反思的结果和简单的语言，这样，即使按照最严格的要求，哲学也可以成为一种普遍性思维，而不失去其实体。关于此，《哲学入门》（1950年）是首次，同时也是最出色的尝试；《哲学思维的小学校》（1965年）是最后一次尝试。

几乎他所有的关于哲学史的著作都是为了一个庞大的规划，即"世界哲学史"。在这个规划中，《大哲学家》（1957年）以及《论库萨的尼古拉》（1964年）占重要地位。他写的《作为哲学家的达·芬奇》（1953年）的小册子、断断续续发表的文章以及主编的《谢林文集》（1955年）却又突破了这一规划。

雅斯贝尔斯愈是年高，他的作品愈是容易引起争论，他常常引起尖锐的批判。1949年春天对他的首次攻击在几周之内便风靡于整个使用德语的文化界。

1947年在歌德奖金的授予仪式上，雅斯贝尔斯作了题为"我们的未来和歌德"的报告。它最初发表于《转变》杂志十月号上，不久又在瑞士以单行本发行。两年以后为纪念歌德年，它在德国印刷成册。对这本小册子，《星期日世界》[①]专文进行了批判，该文的题目

---

① 《星期日世界》，1949年3月20日。

是:《反对歌德吗?》,副标题是"一次批判性的考察"。恩斯特·罗伯特·库提乌斯认为,报上的这篇文章又是一篇新的关于歌德的论文,以后报上必定还会有第二篇。由此,库提乌斯断言,雅斯贝尔斯挑起了一场真正的反歌德的运动。于是他在《行动》杂志上发表了措辞激烈的征讨檄文《歌德还是雅斯贝尔斯?》,此文还在其它报刊上发表过。这一攻击的起因、其恶言恶语、气势汹汹的调门,在文化界引起了轰动。他攻击说:"雅斯贝尔斯自1945年以来就明确声明,他力求获得众人垂涎的、一个能发号施令的日耳曼人的地位。他把我们的集体罪责昭白于天下,以至于我们只能怀着内疚而生活。他俨然以我们这个时代的威廉·封·洪堡自居。他给德国的大学规定了路线,可是他自己却背弃了它们。这下又来了个发号施令的瑞士人。他发明了一种新的信仰,称之为'圣经的宗教',其要点即:犹太教和基督教几乎是一样的。他把瑞士反歌德的运动赞颂为人民教育的成就。去他的吧,我们有我们的教父!"[①]

对这些攻击雅斯贝尔斯感到出乎意料地惊讶。他认识库提乌斯已长达几十年,而且彼此之间偶尔还有友好的信件往来。他们俩虽然都知道彼此的思想方式相距甚远,但是并没有因此而忘记对方精神上的不凡。雅斯贝尔斯在海德堡大学重建以后还千方百计地试图为库提乌斯谋求一个职位,尽管最后未能成功。

起初雅斯贝尔斯陷入痛心的失望,对这些攻击束手无策。"我仿佛听到一个疯子的胡言妄语,但是此人竟是恩斯特·罗伯特·库提乌斯……"[②]他写了一封致库提乌斯的公开信,却没有拿去发表。他明白,他那篇关于歌德的报告不过是招致诽谤的导火索,真正要诽谤的对象是他这个人和他的哲学。如果要进行自卫,倒反而会使他陷入

---

① 《行动》,1949年4月2日。

② 遗稿。

更加尴尬的境地，结果他的名字在公众中的影响就会被政治所利用。
"对这种……存心造成文化界骚乱、出于阴暗本能的想法，人们是防不胜防的。"[①] 由古斯塔夫·拉德布鲁赫起草的公开声明中，海德堡大学的一些教授表示支持雅斯贝尔斯，[②] "出于对思想争论的学术水平的关心"，他们与库提乌斯有所不同。但是这并没有使库提乌斯偃旗息鼓，他写了题为"允许人们攻击雅斯贝尔斯吗？"的文章为他的诽谤辩解，[③] 他说他的抨击不是针对科学家的，而是针对"人民教育家"雅斯贝尔斯的，而且他使用的是"……自莱辛以来在德国已普遍使用的评论武器"。对这种"狡猾的诡辩"，[④] 雅斯贝尔斯又做出了实事求是的回答，然而仍然没有把它公诸于世。在没有得到他允许的情况下他的两封私人信函被发表了，这两封信说明了他沉默的原因。这时库提乌斯才在《时代》杂志上发表了一个"他自己挑起的事端的结束篇"："歌德、雅斯贝尔斯、库提乌斯"。[⑤]

在这三个月期间，报纸上陆续刊出的有关攻击者和受攻击者的文章源源不断，犹如一股热潮。在短期之内，库提乌斯由于频频发动攻击，似乎是个胜利者。虽然学术界对他的辱骂一般都保持着距离，然而同时又对批评歌德不以为然。海德堡大学的一位教授在讲座中解释这次沸沸扬扬的论争时，大约有四分之三的大学生支持库提乌斯，因为他们所喜欢的恰恰是攻击的非学术性。显赫人物或是公开地、或是致函表示对库提乌斯的支持。早就把仇恨生存哲学当作一种道德的库尔特·希勒通过《时代》[⑥]杂志表示了对库提乌斯的"衷心问候"。哥

---

① 遗稿。
② 《莱茵－纳卡报》，1949 年 5 月 10 日。
③ 同上，1949 年 5 月 17 日。
④ 书信，1949 年 5 月 20 日。
⑤ 《时代》，1949 年 7 月 2 日。
⑥ 同上，1949 年 5 月 12 日。

特弗里德·本更是毫不掩饰地表示了支持。在资产阶级民族主义者那里，库提乌斯赢得了"真正浪潮般的欢呼"。[①] 雅斯贝尔斯认为，这种情况更加证明了德国公众的精神仍然是十分脆弱的，它盲崇权威，为民族的本能和精神的暴虐喝彩。"当时，我在精神上感到自己的处境同在纳粹国家中的处境一样，您能理解吗？"[②]

库提乌斯的诽谤真的像一场文化之争一样仍在公众之中流传着。但是雅斯贝尔斯新近进行的政治著作活动使情形出现了转机，作为一个政治人物，他愈来愈受人注目。对他的《原子弹与人类未来》（1958年）一书，左派首先做出强烈反应。在西方，反应大抵上还在尽可能客观的批判的范围之内；而在东方就远远地超出了这一范围，他被说成是基督教联盟的哲学家、北大西洋公约集团的哲学家、阶级敌人的走狗，是资产阶级颓废没落的表现。右派一度对他顶礼膜拜，1959年在科学家和政治家中，他被提名为联邦总统的可能候选人，仅仅提名而已，最后人们找到的是海因里希·吕布克这个候选人。他本来被安排同康拉德·阿登纳举行一次会谈的，然而由于路途太远而没有成行。后来雅斯贝尔斯于1960年8月在会见电视台记者梯罗·考赫时说，重新统一德国在政治上和哲学上都不具有历史合法性，这一下在右派中引起了大哗。这次的喧叫没有达到对他进行人身攻击、诋毁其名声的地步。然而由于他那篇"自由和重新统一"（其中某些部分已于1960年夏在《时代》上先行发表），人们对他的辱骂便升级了。很长一段时间内，雅斯贝尔斯每天都收到恐吓、辱骂的信，它们辱骂的调门和内容与下面一封信相比，有过之而无不及。这封信这样写道："雅斯贝尔斯——道德自杀者——祖国的叛徒——共产主义的走

---

① 书信，E.褚克施威德致《时代》，1949年5月3日。
② 书信，1949年10月14日。

狗——政治猪啰。"①

然而使他一直对联邦德国持彻底批判态度的不是这些辱骂信，而是当权的政治家们拒不承认客观现实是由于他们自己对之应负有罪责的战争所造成的后果。多年以来他一直密切注视着联邦政府的一举一动，最后他认为自己看到了民主如何愈来愈演变成党派寡头政治，而且这种寡头政治也可能导致专制。此后当联邦议会旷日持久的争吵终于以各党派之间的妥协而告结束时，雅斯贝尔斯决定毫不隐讳地表达自己的看法，对建立的政权进行了数年来最猛烈的攻击。虽然他仍持分析的态度，但是由于充满了愤怒和担忧，他写了一本既是分析，又是评论和警告的书：《联邦共和国向何处去？》在确定新政府人选时，一个昔日的纳粹分子竟成了新首相，他居然厚颜无耻地、令人作呕地故作微笑姿态、装出一副代表人民的友善面孔；而社会民主党竟然也通力合作，共同拥立了这位新首相，并且逐步接受了紧急状态法而放弃了反对派的立场。这一切都证明了雅斯贝尔斯的担忧是正确的。此书的部分章节，雅斯贝尔斯先交给了《明镜》周刊发表；他拒领稿酬，防止别人指责他乘政治危机发财。

此书在那一年起到了传播政治的作用，不少人读过它，并进行了讨论；政治学家们对它进行了实事求是的、有理有据的批评。有的读者表示热烈赞同，有的表示怒不可遏的反对。德国的政治家们，从右派到左派几乎一致反对。特别是在雅斯贝尔斯对库尔特·乔治·基辛格和帕诺罗玛广播电台1967年1月播放的大联合消息（电台领导人彼得·梅尔斯布格差一点为此而被免职）进行了新的攻击之后，新闻界把雅斯贝尔斯描绘成这样一种人：他愤懑地发泄对一个民族的报复情绪，他只有狭隘的哲学基础，知识闭塞，却去承担政治著作家的责任，其行为在政治上和科学上是不负责任的。

---

① 书信（匿名），林伊斯堡邮戳。

说他知识闭塞，这与事实不符。大约从1950年以后，为了写一本内容博大的关于德国的书，在搜集了历史和当今的有关资料。这一时期发表的较重要的有关德国的书，他都一一读过。同时他订阅世界各地二十种文化政治内容的杂志，经常从各大使馆获得材料和谈判记录；把各家报纸都汇编起来。说他知识片面、闭塞，表面上看来似乎是科学的批评，实际上却是恶意的诽谤。它仅仅表明，学术界有一部分人容易怀着一种嫉恨的心理，避而不见"一位智睿的读报者的成果"；①而政治家们却会以这样淡淡的一句话来表明对雅斯贝尔斯的不屑一顾和我行我素的态度。

令人惊异的是民主德国对此表示了欢迎。1966年6月瓦尔特·乌布利希转致雅斯贝尔斯这位"尊敬的教授先生"一封长达13页的信。此信首先谈及雅斯贝尔斯在《星期日世界》上发表的一篇文章，②在这篇文章中雅斯贝尔斯表示支持德国社会民主党和德国统一社会党之间的会谈。然后该信又谈到雅斯贝尔斯论联邦德国的书。雅斯贝尔斯认为信的内容不乏理智，但是该如何给这样一个人回信呢，此人虽然在国务院的讲话中引用了《明镜》上刊出的雅斯贝尔斯一书的部分章节，但是却禁止全书在民主德国发行。他还担心，他和乌布利希的通信关系会像以前罗素和赫鲁晓夫的通信一样被利用来进行宣传。因此他只是简短而客气地写了封信表示收到了"尊敬的总统先生"的信。

对于实事求是的批评，他写了"对我'联邦共和国向何处去？'一文批评的答复"（1967年）作为回答。此文没有引起众人的注意。

从此以后他就不再过问德国的政治状况了。1964年他决定永远不回海德堡定居；虽然当时他仍拥有在海德堡的居住权。1967年他申请巴塞尔的公民权，瑞士联邦政府和州政府于该年夏同意了他的申

---

① 哈贝马斯："德国向何处去？"，载《时代》，1966年5月13日。
② 《星期日世界》，1966年5月8日。

请，雅斯贝尔斯为此付了三千法郎的费用。有时他喜悦地说，第一次作为一个他能够赞同其原则的国家的公民，他感到很高兴。但在其内心深处，他也许并没有丧失这样的意识，即意识到自己"……仅仅是一个流浪汉，没有政治祖国"。① 关于此，他曾经在从瑞士写给拉德布鲁的信中流露过。

同一切集团——无论是左派、右派，还是中间派——的决裂使他明白（他早就明白）：不去依靠这些集团，只去依靠理性；只有依靠理性，个人才敢于生活和思维。他最后一本书《论独立的思维》论述的就是理性。在写此书时，他已患老年性疾病，可是仍保持着热情和冷静的情绪。"我们这些老人生活着，做我们力所能及的事度日，少谈死，按斯宾诺莎的话来说，理性的人想的是生而不想死，这是因为我们对于死亡有深刻的了解。"②

自1965年起，雅斯贝尔斯就患有急性气管炎和直肠憩肉，憩肉时而引出肠出血，有时出血很多，此外右手已有风湿性关节炎症状，常常妨碍写字。1966年春天起，由于关节炎恶化以及风湿性神经炎的出现，他的双手、两臂、双腿都感疼痛；大小腿肌肉萎缩、双脚感觉异常，这使他走路感觉困难。1968年初他发现自己记忆力减退，同年8月他第一次轻度中风，9月、10月又各发一次，间或伴有失语症，这种失语常常是机能性的，而不是感觉性的。他本人密切地注视着自己的病情，每天都要弄明白自己已瘫痪到何种程度并且同他的医生贝恩斯坦谈论自己的病情发展。他向那些知己的来访者说明自己目前的状况："厄运随时都会降临到一个人的头上，我估计自己难以逃脱。——我现在仿佛成了合在一起的两个人：一个在忍受着痛苦的煎熬；另一个怀着医学兴趣注视着前面这个人。"从10月起，对他起居

---

① 书信，1949年5月20日。

② 遗稿。

行动的照料已十分繁重了。女管家爱尔娜·摩勒在照顾他时表现得体贴入微、充满信心、轻松愉快，这使雅斯贝尔斯舒坦不少。1969年2月病情陡然有了明显好转，他又兴致勃勃地接待来访者，侃侃而谈。当谈话转入政治时，他说："政治现在对我已没有意义了，我们还是来谈哲学吧。"在最后一次谈话时，我向他叙述，哲学家们已经实现了相互理解。他认真地倾听着，然后说："人们大概这样想，哲学家们至少会相互理解。但是，我要告诉您：他们从来也没有相互理解，他们只是一个劲地在说。"

2月16日至17日的夜间，也许是又一次中风使他肢体全部瘫痪，几乎不能说话，常常弄不懂别人的意思。他生日那天（2月23日）最后一次会见了几个朋友，他非常吃力地告诉他们，自己的生命不长了，语气平静、漠然。两天以后他一阵阵发烧，也许是肺炎引起的热度。使用了抗生素以后，到了傍晚时分病情有所好转，他精神似乎尚佳，但脑子已经糊涂，只能辨认出走近身边的人。夜里他安静地由睡眠转入昏迷。1969年2月26日他妻子九十岁生日这一天，他家里源源不断地涌进了来祝福和献花的人，这时，雅斯贝尔斯的生命慢慢地停止了。医生确定他死亡的时间是十三时四十三分。

在他的遗嘱中写有如下的请求：丧事无论如何要保证从简，发表讣告的行文只写："我终生的伴侣卡尔·雅斯贝尔斯今日去世。——格尔特鲁德·雅斯贝尔斯。"[①] 他谢绝宾客参加他的丧礼，不希望学校参与他的丧事。

3月3日举行了简短的丧礼，参加者只有他的亲友，名单是他自己生前拟定的。第二天学校在巴塞尔的马丁教堂举行了公开的追悼会。3月5日他的骨灰安放在荷尔利公墓的一块坟地里，他在几年之

---

① 遗稿。

前就买下这块坟地,为的是从这里"眺望德国"。①

9. 综观一生

综观雅斯贝尔斯的一生,首先见到如下的特征:在德国历史上也许是最动荡的年代里——由封建王朝变成魏玛共和国,由魏玛共和国变成第三帝国,继而又是一分为二的德国,其间经历了两次世界范围的灾难——,雅斯贝尔斯却没有较大波折地一步步地走完了自己的人生。"在回忆我生命的最初时期以及以后所经历、遭遇的一切时,我感到自己的一生顺当平稳、始终如一,没有什么曲折巨变。"②即使人们可称之为曲折的经历,如由法学转向医学,继而转向心理学,最后转向哲学,那也不过是他预先为自己规定的一种发展。当他还是个二十三岁的大学生时,就已经明白,"我必须学医,从而学会对我身体有益的生活。"③他早就说过,通过心理学可以找到通向哲学的道路。

雅斯贝尔斯深知外部的历史灾难与其平稳的生活之间的不协调。关于此,他曾经说:"这种不协调非常严重,我简直难以承受。"

他此在的条件既是他的自然天性所决定的,同时又是他最亲近的人为他创造的,其中也有类似的不协调。他自幼多病,常常因急性病发作而濒临死亡。他对于临界境况的反思即出于自己这种最初的经验。正是由于他一直在临界境况的范围内经验和思维,因此他的此在才没有在历史灾难面前崩溃。

与此同时,雅斯贝尔斯还有一个基本经验,即经验到人性的可靠

---

① 遗稿。
② 遗稿。
③ 书信,1906年9月23日。

性，孩提时代这种经验来自于父母，后来便来自于他的妻子。他妻子把她自己的此在全部奉献出来，用以维持雅斯贝尔斯的此在，而从未感到是什么牺牲。她是"伸入这个世界的一只臂膀"[①]，给予雅斯贝尔斯安全，并且使他有可能悉心地在精神中遨游。雅斯贝尔斯的一生没有波宕起伏的事件，没有传奇，他把全部精力都注入了思维。

---

① 遗稿。

二　思想

> "不管有什么现实的反对机制,我都要诉诸于哲学的洞察力,唯有它才是我的倚托。"[1]

1. 心灵的界限：心理病理学与心理学

雅斯贝尔斯始终认为,任何一项科学成就都以了解科学是什么为其前提。这并不是说,科学家得先了解科学是什么,然后再进行科学工作,科学工作和对科学的了解是相辅相成的。当科学家创立某种科学时,他也就明白了什么是科学。

在雅斯贝尔斯的科学研究中,即在他将之当作心理学的一个组成部分的心理病理学研究中,存在着特殊的困难,这就是：每一门科学都有一个事物为其对象,它是凭借能力和认识在同对象的交往中所获得的关于对象的知识和了解。可是究竟什么是心理学的事物呢？似乎是心理、心灵。然而,心灵本身从来不表现为对象；人们所了解的从来就只是关于心灵的表述。心理学的对象是心灵的纷繁无穷的呈现,仅仅是某个个人心灵的表现。关于心灵的陈述只是根据一种作为基础的基质（Substrat）而做出的推断,是这些推断的普通化。因为心理

---

[1] "答复",载《卡尔·雅斯贝尔斯》,斯图加特,1957年,第756页。

学仿佛只是由于这些推断而成为它本身的对象，只是由于这些推断的普遍化而成为理论，所以在科学家们的这种随意性中也许就不存在什么科学；在任何一门科学中，科学家都不能随意地、虚假地设定自己的对象。于是，心理学被当成了惯常的邪说，被当作为了进行研究而凭空做出的推断以及推断的普遍化。

那么，人们应该如何避开这种邪说的诱惑呢？当雅斯贝尔斯作为一名心理学者开始工作时，那些在心理学界处于领袖地位的科学家们由于担心这门科学会带来风险，已经退缩到较为安全的地带。他们只进行客观心理学的研究，从最广泛的意义上去研究脑组织发生学、性能心理学（Leistungspsychologie）和实验心理学。这种知识的安全是以缩小对象的基础为代价而换来的。雅斯贝尔斯却持不同的观点。他认为，一切关于心灵的表述，无论是"健康的"还是"病态的"，无论是可测定的还是仅可意感的，无论是已觉察的还是未觉察的，都应该是研究的对象。事实及其反映是如此广阔无垠，要探究它们，只有事先做到如下一点，才可能有所裨益，这就是："在对心理病理学如潮水般的流言蜚语中，人们必须知道，自己知道什么，不知道什么；必须知道自己是如何、在何种意义上、在何种界限里知道；并且必须知道，这个知识是通过何种方法获得并得到证明的。因为知识不是一个包含着平均的、等值的重要性的平面，它是被划分开的层次，具有各种不同层次的有效性、重要性和根本性。"[①] 因此，心理病理学对于雅斯贝尔斯来说便成了进行最严格科学批判、确定自己研究课题的动力。他发觉，只有依据这种严格性才可能获得较为可靠的知识，同时又不会草率地限定对象的广度，任意对待已确定的基原。

因此，年轻的雅斯贝尔斯认为，作为一名心理学学者，他的任务是：

1. 在一切关于心灵的表述中，使关于对象的科学知识作为零散的

---

① 《普通心理病理学》，第三版前言。

个别知识而具有确定性；

2.有意识地把科学范畴和科学方法运用于各个对象；

3.不从对象的实在性意义上去规定那个只可能存在于科学家想象的实在性之中的基质，为此，不要以心理学的最大限度去标定心灵能够表述的界限，继而用已经清晰的方法来研究这个被框定的范围。

显然，这一任务的基础已经是只有在研究工作中才会得到明晰解释的如下这个科学概念：科学是方法上有意识的、无可辩驳的、普遍有效的对事物的认识；在认识的完成过程中科学摆脱了偏见和价值；但是在决心去认识时，在对其对象的每一次一定程度的接近过程中，科学又不是没有前提的。因此科学的知识是零散个别的（非总体的），是相对的（非绝对的），是暂时的和有限的。这就是按照古典物理学理想而确立的那个科学概念。对于这一概念，雅斯贝尔斯后来也不愿放弃；而且正因为如此，对于已往形成为科学的东西，他直至晚年仍不承认它们是科学。

这里我们不可能一一指出，作为一名心理学学者，雅斯贝尔斯究竟完成了哪些业绩，以及究竟没有做到什么。但是我们可以指出几个关键部分，由于这些部分，雅斯贝尔斯在心理病理学史和心理学史上有其不可磨灭的地位。

雅斯贝尔斯认为，心理学的首要问题在于：心理学的对象，即纷繁无穷的关于心灵的个别表述，如何才完全能够成为科学上可把握的事物。他觉得，要做到这一点得有个条件，这就是："我们必须摒弃至此为止所有的传统理论、所有的心理学构想以及关于大脑过程的唯物主义神话；我们必须纯粹致力于我们在真实此在中能够理解、把握、区别和描述的东西。正如经验所告诉我们的那样，这的确是一项十分艰难的任务。"[1] 只有当人们自己清楚并使别人明白究竟能言说何

---

[1] 《心理病理学论集》，第317，318页。

种心理现象时,这个困难才可能被克服。解决这一问题的方法,雅斯贝尔斯称之为"现象学"。

就最一般的意义上而言,现象学是关于现象的学说,是关于成为现象的那些东西的学说。自胡塞尔以来,现象学即是描述意识现象的心理学。作为描述性心理学的现象学早在胡塞尔之前就一直被运用着,尽管人们还没有意识到这种方法。在胡塞尔之后,尤其是屈尔佩为首的维尔茨堡心理学派实际地运用了现象学。虽然在雅斯贝尔斯之前已经有了"一连串的现象学派别",[①] 但是首次因考虑到心理学特殊的对象而清晰地运用现象学方法的是雅斯贝尔斯。其论文"心理病理学中的现象学研究方向"(1912年)确立了明确使用现象学方法的基础并因此使得现象学心理学成为可能。在雅斯贝尔斯看来,现象学会导向为一种关于心灵现象的"可传达的、可检验的、可讨论的知识"。[②] 现象学的进程包括如下三个步骤:

1. 心理学必须尽可能完备地收集材料。对于个人来说,这种材料就是他的表达方式,即通过探索和自我描述而获得的信息。这里,理想的东西就是必须被理解为心理图解的完整的传记。这种材料的广度,特别是把意识到方法的传记体引入病理学,是前所未有的。

2. 心理学家必须"看见"这种材料。但是他必须看见的东西不是人们通过感官感觉接受的自然科学事实,而是在流逝中不断消亡的感受体验。因此,"看见"也就是"理解"、"回想"、"把握"以及"觉察";这是一种深沉的、需要集中和训练的回忆。为了达到这种看见,还必须对一定的心灵现象进行一种"挑选、界定和区分"。[③] 这些心灵现象必须作为被看到的现象而得到划分、描述,而且要用"某种一定

---

① 《心理病理学论集》,第316页。
② 同上书,第317页。
③ 同上。

的表达,有规则地给它们命名"。[1] 作为可命名的、可以重新认识的现象,它们是科学的要素。

3. 最后,心理学家必须清理"无数被命名的现象的混乱",[2] 从而"有计划地、有意识地,并且在各个已经到达的界限上,使心灵的多样性一目了然"。[3] 类型学可作为辅助方法,其价值在于它可以使各种想法获得成果。

因此,现象学的理想是"一种可纵观地被整理的、不可还原的心灵质性的无限性",[4] 它们以观念类型的方式被纯粹地看到,并且在概念上被清晰地把握到。

现象学方法收集、把握、描绘和整理各种心灵质性和心灵状态。可是心理学不仅仅观察心灵生活的要素,而且观察这些要素在心理体验中的关系,而认识这些关系是心理学面临的主要困难。雅斯贝尔斯通过方法论的反思说清楚了对这些关系的认识,而在他之前的心理学却未做到这一点。

雅斯贝尔斯阐述这种认识的出发点在于,他认为:有各种不同类型的关系。关于这一点,我们根据他在心理病理学论著中所引用的例子来进行说明:

1. 在心灵生活的发展中,即在精神的发展中,某些时期表现出迅速的进展,某些时期的进展则缓慢。这里,"完全同发展阶段的前后顺序一样",[5] 不能"以移情的方式"[6] 从前面的阶段推导出后面的阶

---

[1] 《心理病理学论集》,第317页。
[2] 同上书,第323页。
[3] 同上书,第323,324页。
[4] 同上书,第324页。
[5] 同上书,第114页。
[6] 同上。

二 思想

段。这里存在一种"客观的心理关系",[①]而研究者却试图把它解释为因果关系。

2. 如果人们了解一个人的目的并知道他具有哪些达到目的所要求的知识,那么人们便能够"……根据这种目的从理性上去理解这个人的行为"。[②]人们从逻辑上去理解"理性关系"。[③]

3. 如果某个恋人获悉,他的情侣不忠实,因而失去自制、感到绝望并想自杀,那么人们可以"通过移情"来理解此人的行为,一直了解到行为的每一个细节。这种理解是非理性的,就像这个人的行为客观上是非理性的一样。人们从心理学上去理解"移情关系"。[④]

雅斯贝尔斯受到威廉·狄尔泰、约翰·古斯塔夫·德罗伊森、爱德华·施普朗格和马克斯·韦伯关于方法论的著作的影响,把心理学关系的差别变成了心理学中认识方法的差别。

无论何处,凡是认识最终以"外在的因果性"[⑤],即以原因为根据的地方,认识都是一种"说明"(Erklären)。只要外在于意识的事件被当作外在于心理的事件,说明的对象就在外在于意识的事件中,说明者本人也就置身在外在于心理的事件中。反之,只要认识的基础是一种"内在因果性",[⑥]是一种动机,那么认识就成了理解。如果理解——例如在现象学中便是如此——仅仅致力于零星的心灵质性,那么这种理解就是静态的理解;如果理解指的是:理解到动机逻辑上是手段－目的关系,那么这种理解就是理性的理解;如果只是通过理解者对对象的移情,动机才清楚,如果认识是从内心获得的体验,就像

---

① 《心理病理学论集》,第114页。
② 同上书,第113页。
③ 同上。
④ 同上书,第114页。
⑤ 同上书,第329页。
⑥ 同上。

心灵的东西是从心灵中产生的一样，那么这种理解就是"发生的"、"心理学的"理解。这种发生的理解，雅斯贝尔斯通常简短地称之为"理解"（Verstehen），并且把它作为一种在观念类型方面与说明相对立的、心理学的自主认识方法。

然而，雅斯贝尔斯认为，生物发生学的理解决不是唯一的或卓越的心理学认识的方法。心理学家虽然必须要说明和理解，但更为重要的是他们在说明和理解时要做到清晰。只要心理学家把对象视为外在于心理的对象，他就能说明一切对象；可是由于主观移情能力以及客观可移情性这两个方面的限制，理解受到局限。这样，无法再理解的时候，却可以说明。当然这并不是说，我能说明一切；而只是说，说明没有确定"原则性的限制"，它只是由于对象的缘故而成了可以包罗万象的东西。从另一方面来说，"我不能理解"这句话不可草率地解释为"这是不可理解的"，因为主观移情能力所受的限制无论如何也没有客观可移情性所受的限制那样大。

雅斯贝尔斯的贡献决不仅仅在于把"说明"和"理解"做了概念的区分，而且在于他对于理解的过程做了清晰的描述，就像他以前对现象学方法进行了清晰的描述一样。因此，他不仅修正了当时几乎只进行解释的客观心理学，而且确定了作为科学的心理学认识的广阔领域，创立了进行理解的主观心理学。

雅斯贝尔斯认为，区分"说明"和"理解"可以使这一对基本概念具有更广泛的意义。这样，心灵质性就是心理学要素，心灵关系就是心理学要素的统一体。对于个人来说，最终的统一体就是人格的统一体。即使这种人格的统一体在人们能够解释的领域里随时都会被打碎，并因此而分崩离析为形形色色的科学理解的统一体，可是在观念之后仍然有类似移情的东西，它把一个人作为整体而移情于这个人，这样，所有理解的统一体便重新置身于这个整体之中，相互联系起来。

二 思想

　　如果有可能对一个人进行这样的观察，即可以从他的秉性出发来理解他的一生，"在各个年龄段的顺延中都不带有任何不可理解的、加入新东西的大波折"，① 这时雅斯贝尔斯便会谈到一种人格的"发展"（Entwicklung）。但如果在迄今为止的生命发展中突然出现了可以逐步改变心灵生活这类全新的东西，某些异物被"嫁接"到了人格上，那么雅斯贝尔斯把这种"嫁接"称为一个"过程"（Prozeß）。一个过程是不能理解的，而必须去说明。

　　把发展与过程区分开，是通过克拉培林而为世人所知的，威尔曼曾经利用过这种区分来阐述自己的理论，海德堡的心理诊疗院也曾经常讨论把发展与过程区分开的问题。然而把它作为清晰的理解概念的基础，作为一种完美的形式以及对它的批判性使用，这些都只是最近的事。唯有具体的观察才能表明，什么地方只允许说是发展，什么地方必须承认是一个过程。雅斯贝尔斯认为，在精神分裂症中，只有精神分裂症发作时的"Daß"（如此这般）② 才是过程，而狂想的内容也许可能被重新理解。

　　在方法论上做出这样的区分对于雅斯贝尔斯来说有何结果呢？如果一位心理学家不仅仅问："什么是可认识的？"，而且去问："当我理解性地考察时，我能认识什么；当我说明性地考察时，我能认识什么？在进行这样两种考察时，我如何去认识？"③ 那么这位心理学家就把他的认识方法以及对自己本人的反思引进了心理学。如果他承认主观理解是真正的认识方法，把同感（Mitempfinden）当作方法的组成部分，把明晰作为认识的根本，那么这位心理学家就不仅是进行记录整理的、对方法进行反思的理解力，而且也是追复体验（nacherleben）

---

① 《普通心理病理学》，第一版，第 232 页。
② "Daß"在德文中是连接副句的连词。这里指精神分裂症患者发病时说的胡话。——译者
③ 《心理病理学论集》，第 116 页。

的个体。正因为如此，如果他想作为一名批判的心理学家的话，就必须把心灵的诸种表现与对这些表现的思考严格区分开来；他必须明白他同感的原因，必须明白：任何一个确定的事实已不再是心灵的自身表现，而是用普遍范畴对它的思考，因而也就是它的理论的普遍化。在使用明晰的概念时，这位心理学家不可忘记：概念的完美形式不再是对现实的摹写，而只是不可缺少的辅助方法，他借助于这种方法同现实保持一定距离地去把握现实，而不是简单地把现实归入概念。因此，这位心理学家必须知道，他在流动的、特殊的心理现实的对面安放了一个由概念限定的范畴世界；这个范畴世界谈的是思维对象"人"的心灵的质性和关系，从而纠正了关于现实的想象；因为看见这个现实并且意识到它，这才是最终目的。这位心理学家之所以谈论方法问题不是为了方法本身，而是为了在现实面前使用这些方法；尤其是他将对一切理论进行批判，搞清楚什么才是心理学理论。

"大抵说来，理论是其作者最心爱、最有价值的东西。"①——此话是一种误解。理论假装"用一种唯一的解释、用为数有限的要素就掌握了全部"。②但是，"一种理论倘若是'正确的'，它就是不可能的"。③心理学理论仅仅是人们为了推断（心灵的）基质而构想的"可能的想象和图画"。④"仅在心理学方面被证明为合理的理论在说明有限的事实领域时只是可使用的，富有成果的设想，这些设想的合理性仅仅在于它们的可使用性，而不在于它们所想象的东西可能的实在性。"⑤因此，雅斯贝尔斯全面彻底地抛弃了那些把某个有限的实在直接当作基质的那些理论，例如那些"脑神话学"（它认为，心灵即

---

① 《心理病理学论集》，第 252 页。
② 《普通心理病理学》，第一版，第 15 页。
③ 同上书，第二版，第 286 页。
④ 同上书，第二版，第 283 页。
⑤ 同上书，第二版，第 284 页。

脑)。其它一切理论，他在一定范围内把它们当作工具；他认为，关键是在这些理论的可用性的范围内正确地使用它们。雅斯贝尔斯不是任何一种理论的追随者，而是一切理论的批判者。

但是，他对一切理论的批判的最终基础是要探究心理学本身的对象。这个对象作为普遍的心灵统一体来理解，它是心灵；作为精神来理解，它是人格；作为生命力来理解，它是生命；作为心灵、肉体和精神的统一体来理解，它是人。实际上，各个人都以个体的形态表现出来。雅斯贝尔斯认为，所有的个人形态表现都是由于其无限而未知的全体的局部现象。全体本身是为了观察而把一切现象调节为一体的观念，但是它并不是由这些现象所"决定"的。非批判的理论却把这种调节变成一种根本性的概念并由此断言人是某种有限的东西。雅斯贝尔斯的心理学的出发点是：尊重"每一个个人的无限性"，① 防止对人的无限性有任何理论上的歪曲，这就是雅斯贝尔斯在创立自己心理学理论时有所节制的原因。他在《普通心理病理学》(1913年)中放弃了"理论规则"，② 而追求一种方法论规则。他按照认识的方法来组织心理病理学的全部材料，仿佛在酝酿一个可以在所有科学领域里"通行无阻"③ 的计划。正是由于雅斯贝尔斯，心理学才试图"用一切方法，从一切方面去认识"④——即批判地认识——心灵生活的全部现实。

《普通心理病理学》一书的结构可理解为对方法的论述。它是按照主观性与客观性这一对对立的概念而构思的，逐步地、一层一层地表现了扩展的统一体。雅斯贝尔斯首先考察的是心理学要素、主观的现象以及病态心灵生活的症状。他考察的方法第一是现象学的方法，

---

① 《普通心理病理学》第一版，第2页。
② 同上书，第一版，第8页。
③ 同上书，第四版，第626页。
④ 同上书，第一版，第11页。

第二是客观的心理病理学的方法。然后他描述了心灵生活的理解关系和因果关系。描述理解关系，他用的是理解心理病理学的方法；描述因果关系，他用的是说明心理病理学的方法。该书进行分析的第四章包括了这方面内容。后来进行综合的两章考察了全部的心灵生活，首先是从主体方面（智慧、性格），其次是从客体方面（病状）来进行考察。由于人是在群体中生活的，因此接着的一章论述的是病态心灵生活的社会学关系。这样，雅斯贝尔斯便以清晰的次序概略地展示了病态心理现象的广泛性。

后来再版的这本书基本上也恪守同样的结构，只是在第四版时加了一章"人的全体"，进行了范围更加广泛的综合。

如果要问，雅斯贝尔斯究竟给心理病理学增添了什么新的内容，可以说包括在如下几个方面：

1. 创立了现象学方法并由此而创立了现象学的心理病理学；

2. 他描述了发生学理解的方法，建立了理解心理学；

3. 他发展了传记体，为科学的病理学奠定了基础，他写了一些传记体专著，如施特林贝格传、梵·高传、尼采传；在心理病理学中他使病理学的研究具有"民权"[①]的性质；

4. 对于当时心理病理学的全部知识，他发展了一种方法论，并同时展开了对于心理病理学认识与知识的批判。心理病理学的方法论与批判当时在其清晰性方面也许都未能达到雅斯贝尔斯所达到的水平。因此，他创立了作为科学的心理病理学；

5. 最后一点，他的现象学在具体清晰的描述和概念性的把握方面有何作用，理解心理学对于理解关系究竟有何作用；由于他，疾病的图像、性格以及人诸方面的综合究竟有多少新东西被看到，这一切都还需要得到进一步的详细考察。遗憾的是，心理病理学史在这里只是

---

① R. 高普："致卡尔·雅斯贝尔斯书信"，载《开放的区域》，第 152 页。

做了一点点准备工作。

　　心理病理学作为异常心灵生活的心理学是心理学的一部分。多年以来，雅斯贝尔斯曾经"徘徊于"正常的"心灵生活的界限之内"。[①]他关于这方面的著作只发表了很少一部分，这就是《世界观的心理学》(1919年)。另外一些见诸于他的遗稿："伦理学心理学"、"宗教心理学"、"语言艺术心理学"、"社会秩序的心理学"、"大众心理学"等等，还有作为范畴理论和方法论的"普通心理学"。雅斯贝尔斯这一系列著作的目的在于把心理学建造为一幢完整的大厦，"对于人是什么"，[②]这幢大厦或许就是暗码。

　　倘若我们在这里对《世界观的心理学》不做进一步考察也许倒好些。因为在这本著作中，"世界观的心理学"的基本范畴，"全体"、"无限"、"外壳"、"悖论"、"临界境况"、"自我"、"生命"、"生存"等等，都在心理学和哲学二者的分界线上。这样，理解心理学便成了说明生存的媒介；要不是这样，生存现象倒可能清楚如实地被看到。当然，这本书的最重要的意义在于可以考察雅斯贝尔斯哲学的产生。

2. 思想家的王国：哲学史

　　在进行系统反思和继承哲学史的同时，雅斯贝尔斯跃入了哲学。早在是一个心理学家时，他就一直致力于哲学，尤其是克尔凯郭尔和尼采的哲学，他把这两人视为最伟大的理解心理学家；他也潜心于康德、黑格尔和其他哲学家，并从广义心理学的角度来考察他们，或是把他们当作心理学考察的人物，或是由于他们的学说而把他们当作心

[①] 《哲学与世界》，第5页。
[②] 同上。

理学考察的对象。这种考察作为哲学的解释而成了同思想家们的新的交往，并由此而开辟了另一个维度。关于此，论尼采的著作（1936年）——李凯尔特以嘲讽的口吻承认它是"一本科学的书"①——是第一个证明；论笛卡尔的那篇论文（1937年）是第二个证明。这里我们且不论雅斯贝尔斯是如何理解哲学史以及他是如何对待哲学史的，我们所涉及的是《大哲学家》的第一卷以及作为残稿而保留下来的关于《世界哲学》的极其庞大的构思。

在《大哲学家》一书中，雅斯贝尔斯从哲学史的角度设计了如下一幅图像：哲学史是理性的王国，在这里，所有时代的伟大的思想家们都对着我们说话。这部"历史"不按编年学的原则依照编年顺序发展；它超越了历史的东西，在人物与思维着的生存之中成为超历史的东西。在雅斯贝尔斯看来，伟大的思想家立足在一个"超越了时代的时代中"。②因此，他视作联结媒介的东西并不是时间的进程，而是理性的空间。这个理性空间才真正有无边无垠的广度，一切思想均可包容其中。在这里，"前面"和"后面"、"年长"和"年轻"、老师和学生之间的关系不再起决定作用。只有在理性空间中才能看到与时间进程横向的、真正联结着现实相异性和相互依赖性的东西。雅斯贝尔斯认为，哲学家们的相同地位是由他们著作的独创性和相似的思维方式而奠定的。因此在他看来，孔子、释迦牟尼、苏格拉底和耶稣是共同创立了哲学并为哲学研究确立了标准的人，柏拉图、奥古斯丁和康德是进一步创立哲学研究的奠基者；亚里士多德、托马斯·阿奎那和黑格尔是伟大的守护者，同时又是富有创造性的整理者；阿那克西曼德、赫拉克利特、巴门尼德、普罗提诺、坎特布雷的安瑟伦、库萨的尼古拉、斯宾诺莎、老子与龙树是苦思始基的形而上学家；霍布斯、

---

① 《哲学与世界》，第312页。
② 《大哲学家》，第39页。

莱布尼兹和费希特是建设性的人物；阿巴拉德、笛卡尔和休谟是不折不挠的否定者；帕斯卡尔、莱辛、克尔凯郭尔是伟大的召唤者，如此等等。被归入这一王国的哲学家们，有诗人、研究者；有政治思想界和教育界人士，有研究处世之道和神学的，还有进行哲学实践和理论活动的人士。

雅斯贝尔斯利用在诠释的可能性中得出来的结论说明哲学家们的无时间性的共和国这一思想。由于没有把思想和思想家们牵强地按延续的序列编排起来，因而他可以使各个哲学家保持其本来面目而不受歪曲。每一个真正的伟人都是"存在之全体的反映"，他是开放的，"可被无限地加以解释"。① 雅斯贝尔斯根据反思的判断力来通观历史，因此他基本上能够严格地保持着历史性。然而他并不拘泥于历史，因为理性的空间是没有界限的，它对思考者的理性开放着，哲学家们仿佛就在直接对着我们说话。在哲学家的空间中，我们变成了一同从事哲学研究的人，因而也就成了他们的（尽管是并不重要的）同时代人。"我们想通过哲学研究，在历史上把我们自己变成一切最初的思想家的同时代人，或者换言之，把一切最初的思想家变成我们的同时代人。"②

对这种从思维方式与思维类型角度做历史描述的方法，人们主要有过如下责难：谁要是像雅斯贝尔斯那样，凭借伟大哲学家的王国这一幻影便用理性空间取代了时间进程，那么他在丢弃时间的同时也就丢失了历史本身。当人们尚未了解雅斯贝尔斯关于哲学世界史的庞大设想时，也许会认为这种指责是正确的。

雅斯贝尔斯于1937年着手规划他的哲学世界史。当时他已明白，

---

① 《大哲学家》，第29页。

② 遗稿。

2. 思想家的王国：哲学史

进行这项工作"对于一个人来说是不可能的"。①尽管如此，他认为有必要把它提出来作为一项使命。他在之后的二十五年中孜孜不倦地笔耕不止，留下了两万多页的手稿。

他这一规划的主要思想是：根据观念，哲学史是一个全体。当人们去研究这个全体时，它便分裂为由诸多单一性组成的杂多性，这些单一性将取决于人们从何种角度来观察这个全体。人们观察角度的数目本身是开放的，问题在于要从真正的基本角度出发进行观察。雅斯贝尔斯认为，这种角度的特征是无法根据体系的思想而得到说明的；真正基本的角度就是要去观察哲学是如何进入世界的。当然，哲学是通过各个哲学家而进入世界的。但是每一个哲学家都在一定的时间和一定的文化空间中生活，从这种历史编年学的角度来看，作为全体的哲学史就成了一部文化空间的、时代的和时期的历史，思想家们仿佛成了他们那个时代的早产儿。每一个哲学家都在思考内涵，其思维均有一个事件，从实事的角度来看，哲学史就是一部问题史、内涵史；是提问与回答的历史。历史的这种编排原则一方面是编年学，另一方面也是实事内涵。每一个哲学家都是一个不可混淆的个人，一个自我表现的人格。从人格的角度来看，哲学史的全体便是思想家的共和国；这时的编排原则便是思想家们的地位及其思维方式。每一个思想家的哲学研究在语言、宗教和艺术方面都依赖于精神的基础，并同它们保持着关系。从这种发生的角度来看，哲学史是"语言、神话、宗教、诗歌和艺术等方面作为基础及其哲学反响"②的历史。每一个哲学家用思维来实现其哲学，通过他的哲学影响着世界。从这种实用主义的角度来看，哲学史便成了实现哲学并使之发生影响的历史。最后，每一个哲学家都同其他思想家发生联系，或是重新接受、或是反对、

---

① 《哲学与世界》，第 385 页。
② 遗稿。

或是同化他们的思想。从这种动态的角度来看,哲学史便是哲学论战史、哲学获取史以及思想的交往史。

雅斯贝尔斯正是试图从上述六个方面来完成哲学世界史的。《大哲学家》是这部六卷本巨著中的第一卷,是这部历史之全体的可能的反映。那么,作为全体,全体究竟是什么,这也许只有通览全书,把其余五卷书对照起来看,方可知晓。所谓全体是一种全体的观念;他的每一卷书写的都是全体,然而又都没有直接以全体为对象。

这样一部历史的前提是:既要有广博的历史知识,又要有对精神产品和思维类型的全面的理解。在完成这样一部历史时,雅斯贝尔斯只有以少数人走过的道路作为借鉴。当时已有了哲学的编年史、问题史以及以哲学思想为线索的历史(如黑格尔的哲学史)。近来新出现了作为同时代人联合体(Zeitgenossenschaft)的历史、在其它精神领域得到反映的历史、实现哲学的历史以及权力的斗争史。这些历史无疑开拓了眼界,使人看到了前所未见的领域;同时它们又使哲学史走出了被看作是唯一考察方法的历史实证主义所导致的迷惘,发展为一种比单纯的历史要丰富得多的辩证史,这种辩证史试图从多方面来研究可以称之为人的意识生成变化史诗的全体。如果说认为雅斯贝尔斯的哲学史丢弃了时间这一指责是错误的,那么还存在着另外一种可能的指责,即:由于这种历史在空间和时间上具有宇宙性的广度,它必将成为一种特殊的空话的堆砌;具体、客观、对象将模糊不清、无影无踪,而恰恰这些东西才是历史的。雅斯贝尔斯意识到这一危险。因此他通过集中于具体的对象和历史的研究这样两个方面的活动来防止思维进入宇宙性的广度里去活动。他集中于具体对象的研究表现在他同思想与思想家的关系上;而对历史的研究则表现在他对历史的阐述中。

为了阐述历史,雅斯贝尔斯发展了一种具体形象地看历史要素的方法,并发展了由不同观察角度决定的各种不同的术语,这些术语使他有可能对历史要素做出清晰明确的标记。由于历史的和精神的理解方法得到发展，他有可能形象地看到发生学、历史学上的依赖关系以及在思维产品和思想家形象内部的精神关系，并且形象地把这些关系告知人们。目标在于这些思维产品和思想家形象之全体的综合，这使得他对历史统一性的把握既不怀偏见地包容一切，同时又有简单性的痕迹。这些方法在形式上就是雅斯贝尔斯作为心理诊疗医生时所使用的那些方法，当然，从其新的对象这方面来看，这些方法无疑有了不同的发展。

雅斯贝尔斯的理解力的强度主要来自于一种与哲学史的新的关系。

在他看来，哲学史归根结底不是科学，而是"哲学的一个环节"。[1] 仅靠科学的客观性态度是无法充当哲学的中介的。仿佛一种回声一样，把过去通过客观冷静的阐述和保持距离的观察已经说过的东西再复述一遍，这显然是不够的；同样，以观念为指导，用图画结构和逻辑关系再把那些说过的东西装点整修一番也是不够的。相反，理解者应该介入探索哲学史的纷乱之中，在"为获得真理的搏斗中"[2] 经验到，历史知识对于他本人是息息相关的。这样，理解者就会不仅仅为了确断某事而去读书，相反却会出于惊异而一同思维。理解的过程便成为"获取真理"[3] 的过程。

人们无法对这一理解过程做一般性的描述。在因人而异地对每一个思想家进行的分析之中，理解过程不断有新的发展。但是有一点是至关重要的。获取过程决不是无价值观察的过程，也不是直接的等同过程。它起初是一种对立，由于对立，应该被理解的东西便被扯开

---

[1] 《大哲学家》，第94页。
[2] 《大哲学家》，第93页。
[3] 同上。

了距离而成了对象。这种扯开距离并非人为的异化，而是把相异的思想和思想家按照它们各自的特征罗列起来。与此同时，各人特有的思维便获得了对其自身最明白的意识。因此，只有有意识地同或许已经先定的与传统的联系的分离，才会有获取，亦即有对它物的把握和扬弃。从外部来看，获取是在判断中进行的，这些判断不仅具有理性意义，而且也具有形而上学的和生存的意义。从内部来看，获取既是对思想家的凝注倾听，又是同思想家的斗争。论战在本质上也属于获取过程，它试图向思想家真正的哲学权力挑战，"面对面地"[①]较量。因此，这种论战都是在伟大思想家们具有强大力量的领域里向他们的挑战；除了对思想内容进行批评以外，这种论战还评价所宣告的思想和被发现的生存的本质所具有的真理内涵。

由于上述缘故，对于雅斯贝尔斯来说，哲学史就成了生存哲学的一种形式。它不可避免地要向每一位思想家提出如下的问题：思想家所具有的权力现在还会对由纯粹此在上升到生存、上升到自我存在发生作用吗？从此以后，雅斯贝尔斯主要把那些能够使可能的生存成为现实的生存的思想家视为伟大的思想家。可能的生存在历史上听从于过去的生存。

但是，聆听生存并不是雅斯贝尔斯哲学史的唯一目标，他有更加广阔的、多方面的目标。这就是：

应该看到伟大哲学家们独一无二的特征，以及他们思维的地位与气质。应该意识到哲学家们通过思维所做的事情，尽管他们也许"并没有强调—这一点"。[②] 他们的思维内涵应该进一步得到丰富，但是这种（丰富）运动的原初力量仍应来自他们本人。每一个人都应该了解

[①] 《哲学》，第一卷，第 14 页。
[②] 《大哲学家》，第 93 页。

这个值得负载的"精神包袱",① 在对伟大哲学家的思维和本质的解剖中达到自我意识,获得自身。除去每一个个人以外,还应该为理性者的团结一致铺平道路,只有当理性的空间最大限度地开放时,理性者的团结一致方才可能。哲学史是一条通向打开理性空间的道路,它使全球性的交往成为可能。

雅斯贝尔斯撰写哲学史时提出了四条准则:哲学史必须是"全球性"的;在理解中,它必须是"直观"的;在告知别人时,它必须是"简单"的;哲学史本身必须就是"哲学"。在这四条准则中存在着如下的思想活动:"我们挤进对我们敞开的最广阔的空间。我们离开每一个立足点,以便在无限的运动中参与到任何一个立足点。我们之所以这样做,用我们的心灵在广阔的空间中穿行,是为了从此以后自由地、坚定不移地、有意识地、历史地沉浸在其中,……以寻求对于真理的服从。"②

那么,这部哲学的世界史究竟已经完成了多少呢?

他对整个第一本书(各个历史时期的历史)做了极其详尽的构思。书中包括所有历史时期的丰富材料并且完成了一部分的文章。关于哲学史应该是什么的一篇引言(计170页)以及对早期发达文化中的思维的论述没有收在此书中。引言后来作为单行本(《论历史的起源和目的》)发表,它阐述了历史是什么以及雅斯贝尔斯关于历史的观点。作为第二本书的第一部分的"内涵的历史"没有收在第二本书中;第二部分("哲学与科学的关系史")以及第三部分("哲学回转史")是提纲性的。第三本书的第一卷(《大哲学家》)已经发表;其余两卷只是各个不连贯的章节,而且只是粗略的概述。第四本书("语言、宗教和艺术的哲学关系史")和第五本书("哲学的实现")只有内容

---

① 《大哲学家》,第13页。

② 遗稿。

广泛的札记，还未在结构上作清晰完整的整理。结束卷（"权力的斗争"）已经构思好了，但未写完；构思写满了一百多页，连细节都已构思妥当。雅斯贝尔斯撰写每一部分时都念念不忘整个大厦的结构，即那个全体观念的图像。

只有当人们了解并知道雅斯贝尔斯是如何理解哲学史的，才可能对其发表的每一篇论著做出恰如其分的评论。他任何一篇单个的阐述都不简单要求大全，至多是要求在某一个可能的角度上的大全。然而，为了进行阐述，一切角度都是必需的。

雅斯贝尔斯的这部鸿篇巨著留下的是未完成的残篇，这似乎使人觉得在无穷无尽的任务面前失败是不可避免的。这部巨著的未竟是同时代哲学的重大损失之一。把全球性的广度与具体观察的深度，把对于本质的感知与独自进行哲学探讨的勇气结合在一起，这一点在雅斯贝尔斯之前，也许只有黑格尔做到了。对哲学史家雅斯贝尔斯不一致的评价将会由于他的遗稿而得到修正。

3. 思维的广度：逻辑

对于雅斯贝尔斯来说，哲学史要力图思考一个真实之物的种种历史现象并以既定的形态占据真理的整个空间。同时，哲学的逻辑首先打开这个真理的空间，然后准备好范畴和方法的形式来充满这一空间。

雅斯贝尔斯的逻辑不只是探究具有正确形式的思维的学说（像亚里士多德以来的古典逻辑那样），不只是探究认识可能性的条件（像康德在其先验逻辑所做的那样）；也不只是探究那种为了精神达到自我意识而发展的思维与存在的同一结构（像黑格尔在其辩证逻辑中所做的那样）；它所探究的是：真理出现的场所如何才能对任何具有真理意义的（逻辑的、生存的、形而上学的）真理开放。雅斯贝尔斯的逻辑不单单是知性的逻辑，而是现实生存的人的全部逻辑。

这里，我们试图对他的逻辑的中心做一番考察。雅斯贝尔斯首先在其小册子《理性和生存》(1935年)以及《生存哲学》(1938年)中做了概述，然后在逻辑第一卷[《论真理》(1947年)]中进行了广泛的论述。对这一逻辑，雅斯贝尔斯时而称之为"基本思想"、"基本知识"、"第一哲学"，时而称之为关于大全的诸方式的哲学或者用其自创的术语称之为"Periechontologie"[①]——即大全学说。关于这个"基本思想"，雅斯贝尔斯曾经说过："它是不可缺少的，因为它说明了真正的哲学思维的意义。"[②] 此话否定的含义是：这一思想不是从其它思想中接受意义的，它不由其它思想来说明自己能做普遍有效的说明和理解。此话的肯定含义是：这思想自己为哲学研究创立意义并且奠定进行哲学研究的基础。因而这一思想仿佛在思维之开端，无论如何至少在进行哲学阐述之开端；在它之前根本不可能进行思维，它是无前提的思想。可是雅斯贝尔斯又称他的基本知识是"一种"基本思想。这就表明，还有其它的以别的方式能够起到确立基础和给予意义作用的基本思想。如果确实如此的话，那么这里便暴露出一个极大的困难：根本没有这样一种哲学的基本思想，没有作为第一者和唯一者而在哲学开端的基本思想。哲学研究者必须（或许要通过一系列决定）自己决定自己的基本思想。可是他的基本决定又是由什么决定的呢？这在开始时是无法判断的。然而这表明，被当作无前提的基本思想的确是某种前思维。它基本上是它所说明的哲学前提，它在展开基本决定之前已经预先存在了。作为开端的思想它是一个圆圈，一种从它所说明的东西中同时接受自己基本存在的思想。

---

① 这是雅斯贝尔斯根据希腊语而自创的哲学术语，被用来指称他的大全哲学。——译者
② 《哲学引论》，第28页。

二 思想

那么，雅斯贝尔斯是如何论及他的基本思想的呢？他用这种基本思想要达到何种目的？

雅斯贝尔斯基本思想的目标超出了一切存在者而在于存在。我们把存在者理解为一切以某种方式而成为对象的东西：不管它们是活的还是死的，是物质的还是精神的，也不管它们是人的还是在人之外的；存在者不胜枚举。我们所碰到的存在者是无限的；与此相反，人们显然不知不觉地把存在当作一来思考。无论如何语言没有构成复数。这个作为一的存在与杂多的存在者相对应。它们二者之间是什么关系？对此，我们不得不暂时满足于雅斯贝尔斯有时预先就做出的回答：由于存在被理解为一，因此过去和现在人们都不知不觉地把它理解为那种"把一切融合在一起的、为一切奠定基础的东西，凡是存在的一切都由它而来"。[①] 由此，人们可以推断，雅斯贝尔斯把存在当作了始基。因而这个始基也就是基本思想所思求的目标。可是，这个基本思想的起点是什么呢？

哲学开始于十分基本的问题。这种问题在还没有成为语言之前是惊异、怀疑和震撼。那么，在基本思想的起点岂不是有基本问题吗？正如不只有一种基本思想一样，也不只有一种基本问题。这个基本问题是如何形成的，这是关键所在；因为它已经踏上了基本思想所运行的方向。这是首先由莱布尼兹提出，之后又由康德、谢林和海德格尔重新提及的基本问题："为什么必定有某种存在者？为什么就不是无？"[②] 这一问题也许是最基本的问题，它不仅追问存在，而且追问存在的基础。然而它似乎默默地设定这样一个前提，即：对于进行说明的思维来说，存在是开放的，甚至它的基础都是开放的。倘若果然如此的话，那么一切可思的东西都是可知的；而自由却失去了空间。因

[①] 《哲学引论》，第28页。
[②] 同上。

此，这个问题在雅斯贝尔斯那里并不是基本问题，尽管他间接也提到它。另外有一个基本问题："存在是什么？"这一问题追问存在的本质并公开设定了这样的前提：存在的本质是可规定的。根据这种被规定的存在便可规定一切，派生一切。这样，自由便通过另外一条道路被逐出了哲学。因此这个问题仍然不是雅斯贝尔斯所认为的基本问题。他的基本问题究竟是什么呢？雅斯贝尔斯是这样说的：哲学开始的问题叫作"是什么？"这一问题对一切开放，面对杂多的现实它是接受性的。它似乎是一个未曾想到的问题，它并不给思维指引方向。只要有一系列的列举，它便可获得满足。这也不是雅斯贝尔斯的基本问题。确切说来基本问题应是："存在如何显现给我们？""我们"指的是具有有限的本质，即天赋地具有知性、理性和精神的人，其理性是思维的、行动的和感觉的理性，是永远受到限制的理性。因而在对自身的界限的认识中也是认识的理性。但是，这还算是基本问题吗？其中岂不是已经包含了一个完整的哲学？它表述的正是：存在仅仅"显现"给我们。即使是雅斯贝尔斯的基本问题也是有前提的，这个前提即是由基本问题而产生的基本思想本身，即是由基本思想而来的哲学。在某种意义上说，我们凭借基本问题到达不了基本思想的起点。我们又在那个已经出现的圆圈中循环。

但是，这个圆圈可以通过如下的想法来打破。这就是在完全基本的问题之前必须有某种东西；如果问题不应该引入虚无的话，那么这个东西就成了问题的起由。人们惊讶、怀疑，受到某种东西的震动，通过某种东西并对某种东西表示震惊。这个东西被雅斯贝尔斯称为"基本经验"。他的这个基本经验不是指历史上或生平第一次的经验，也不是指临界境况的最外表的经验，对这些经验，人们朦胧不清；而是指每一个人只要意识到自己在世界之中便会有的经验。作为简单的接受物，基本经验表现在这样一些至关重要的句子中："我在此"——"我在世界之中"——"我认识"——"我的精神形成一个世界"——

"我能够达到自我"——"我仿佛被赠给了自己"。这些基本经验处于基本思想的起点并指出了基本思想将要澄明的大全空间。

因此，雅斯贝尔斯的基本思想是以基本经验为起点的，在存在是如何向我们显现这个问题的引导下，基本思想去思考存在。这种思想从现象的被给予性出发，其目标是形而上学；由于其目标不可到达，于是它又倒退到现象，成为形而上学之显现的阶段。

为了能阐述这种基本思想，我们现在来谈一谈基本经验，它对于哲学家们来说是最主要的——也许这并不恰当——东西。这个基本经验就是："我认识"。

在我的周围是无穷无尽的杂多。我的意识的每一次活动都只能从它那儿截取一个片断。它由周围东西的总量中突出一种量的领域。在这个量的领域内，意识交替地发现了个别东西。先是花，然后是下面的桌面，接着是桌后的书架，继而是紧挨着的别的客体。意识通过区别，换言之，通过分离来创造规定性。这是客体与客体之间的分离。认识的肯定意义在于：它从总体中突出某种东西，并且又在突出的东西中逐个进行区别。认识的否定的意义在于：总体没有被认识。没有一种认识是总体认识。

如果现在有某种方法打开了一个通向客体的通道，并且沿着这个通道逐步强制性地、普遍有效地把握住这个客体，认识便是科学的。科学认识规定着客体，因为它知道自己完全并且仅仅涉及客体，那么这时什么东西更重要呢？意识同某个对象有关系，可是，在谈到对象时说的似乎仅仅是存在着的对象，而不是这种关系本身。意识排除了关于关系的知识。通过这种排除，科学认识被理解为纯粹客观的认识。在这一点上，科学的认识同日常的认识相似。

而哲学的认识迈出了决定性的一步，正如雅斯贝尔斯所做的那样。哲学认识把每种关系都考虑在内。它知道：认识时，作为主体的意识永远指向某个作为客体的对象。意识是关系的意向性的意识。雅斯贝尔斯把这个关系性的事实描绘为"原初现象"、"基本诊断"、"谜语"和"秘密",用西南德意志学派的术语称之为"主客体分裂"。这个表达十分清楚地表明:他没有称之为主客体关系。"关系"一词表示的是两个分离的事物之间的联系。主－客体关系间接地已经表明主体与客体起初就是分离的,只是后来才有二者之间的关系。与此相反,分裂是一个起初统一的东西被撕裂开的。用这个主－客体分裂的术语,雅斯贝尔斯强调了起初未分裂的东西。

这种基本现象对于认识存在者有何意义呢?思维时,意识总是有内容,即有对象的。因而意识总是同对象有关的、负荷着对象的意识。另外一方面,对象也总是成为意识的对象,即通过意识而构造的对象。虚空的意识是无法把握的,同样,那个自在的没有名称的对立物也是不可把握的。没有无客体的主体,也没有无主体的客体。每一个对象,即一切存在者都是我们意识的对象,"存在者是为我们的存在者"。虽然我们能够普遍有效地认识存在者,但是如果从哲学的一般意义上来说而不是从心理学的个别的意义上来看,对于存在者的认识是主体的认识。主体的认识把握的不是自在之存在,而是为我们的存在(Für-uns-Sein)。雅斯贝尔斯称这个为我们的存在为"现象"。必须注意的是,"现象"不是假象。假象是变幻的错觉的浮现。而现象通过我们的意识就是那个为我们的存在。由于清楚地知道现象仅仅是现象,于是便能够说明某种超越现象存在方式的东西。

对于认识来说,决定性的思想是:主体指向客体。在这种主－客体分裂之中成为认识对象的东西具有为我们的存在的存在方式,并且只有在这种存在方式中被认识。因此,认识受到对象、存在者和现象的制约。由于对象是在主－客体的分裂中被构造的,因而一切认识也只有在这种分裂中才有可能。认识的领域就是存在者的领域。

那么存在呢?由于存在超越一切存在者,因此它本身在分裂中既非主体又非客体。它根本就不在分裂之中,分裂只是存在者的领域,确切些说，当"分裂"一词本身只是指最初的统一物时才有存在，存在包容了被分裂物。"存在就是大全"。此话说了一些什么呢？"大全"是雅斯贝尔斯强调存在的用语。因此"存在就是大全"这句话无异于"存在就是存在"这样的同义反复。

当然，此话也表达了两方面的意思：1."大全"对于无形的东西来说是个形象的词汇，不可把它误解为一种有限的存在者。关于某种圆状隐蔽物的想象，关于有外壳保护因而是有限的包容的想象必须被关于无限大全的抽象思想所代替。2.由于大全不在分裂之中，因此它是不可认识的。它是未规定的一。应当对它保持沉默吗？雅斯贝尔斯未做如此绝望的结论，相反，他说：即使人们不能认识大全，也可以澄明它，澄明是一种无需解释的明晰，是不用规定性也到达被思物的去思，是不知的确定。

那么，雅斯贝尔斯是如何澄明大全的？我们首先来说明他是如何去思维大全的，这里我们再次以分裂为出发点，尽管有其它许多思维的道路。

一切对象都在主体与客体的分裂之中。凡是包容了分裂、然而本身不能成为对象的东西都是大全。虽然我们的思维无法超出这种分裂，但是由于我们意识到这种分裂，因而我们获得了对象性的条件和界限。在这个界限上对象性的东西指的是大全，是一切均从中而来的那个背景性的、不可达到的空间。

在完成这一思想的时候，雅斯贝尔斯做了些什么？他越过一定的有限存在者到达一切存在者的可能性条件。他没有涉及超越一切存在者的基础：没有涉及大全、原初；如果人们想称呼这个基础为存在的话，那么，他也没有涉及存在。他涉及的仅仅是超验的基础，是只有在它之中才成为存在者的主体客体分裂之谜。由于他意识到这种分裂，于是他涉及了对象性的界限。这个界限是以大全为根据的存在者成为超越的场所，是大全能够在有限物中找到一个显现方式的场所。

这一思想活动，雅斯贝尔斯称之为"基本操作"（Grundoperation）。它之所以是基本操作，原因在于它进入了有限物的基础，同时又为大全的确定奠定了基础。

对雅斯贝尔斯关于大全的基本思想我们做了上述比较简单的领会。如果大全不仅仅是对自己的思，而且是它本身应该得到澄明，那么领会它就困难了。困难的原因在于：大全指的是某种非对象的东西。但我去思它时，它就成为了我思想的对象。它是思想的物，因而也就是分裂之中的存在者。作为思想内容的大全已经不再是意指的，仅仅能够被思的大全。这样，我所说的真正意指的东西总是不对的。我不得不在说的时候就废止说出的话。否定它的客观性，我有意识地只说最终之前的东西，而不说最终的东西。因此，雅斯贝尔斯得出结论，他在澄明时不说绝对的存在，而说"存在方式"；不说绝对的大全，而说"大全的方式"。总是处于分裂之中的智慧捕捉不住的未规定的一。相反，永远只能在主－客体分裂中活动的思维根据主－客体分裂的模式把意指的一破解为大全的方式——作为主体的我以及我同它有关的他物。

大全的这些方式如何展开？基本上是这样的：由于未规定的一，即那个绝对的大全没有被确定，大全的方式也无法引申出来。因此也无法确定我是否在某个时候把握住了大全的所有方式。这些对方式的说明有许多方法。例如，可以从主－客体的分裂出发，环顾我们作为分裂开的主体所指向的对象化的各种方式。雅斯贝尔斯有时采用这个方法。或者可以回忆一下在哲学史上有哪些大全的方式被看见了。这种方法的可能性雅斯贝尔斯也尝试过。然而在这里我们选择的是第三种方法。这种方法以上文提及的从现实中引发基本思想的基本经验为出发点。

第一个基本经验，我们已经用一句话作了表达，就是："我在此"。作为材料、肉体、灵魂、日常意识，简言之，即作为处于环境之中的某个生命的某种体验，我是个别的此在。只要我体验到有限的生命，那么我的此在便是封闭的；只要我仅仅是同其他此在、同我处的环境有关的此在，那么我就是分裂的。"作为大全的此在"既不是体验的主体的个别行为，也不是被体验的个别的客体生命表现，而是生命存在，现实存在和现有存在的开放的空间。每一个个别都是从这里获得其表现的。换句话说，我与环境、生命与被体验的东西对于主－客体分裂中的意识来说是作为相互关联的东西而出现的。作为大全的此在是一个无遮无拦的空间，在它之中相互关联的东西相互交织在一起。这个空间不在我之中，也不在我之外，作为体验的生命我仿佛就是这个空间本身，而我自己却无法恰当地把握它。

第二个基本经验表现在如下这句话里："我在世界之中"。我与不在我之中产生而仿佛是自己产生的他物、与这个黑暗模糊的东西相对立。作为大全的世界不是指世界之中的对象，不是我任何时候都受到限制的环境，也不是"人的世界"、"蚂蚁的世界"、"信仰的世界"等等被客观化的忽而封闭、忽而开放、纷繁多样的世界。它是一个自我封闭的宇宙，正如它是科学的对象一样，"作为大全的世界"是一个绝对开放的空间，它是一切现实的他在的始基，是我仅仅在为我之在的结构中才把握到的那些东西的源泉，这个源泉是根本觉察不到的，它本身不会成为对象。因此它虽然在我的周围，然而我却把握不住它，它本身并不具有为我之在的结构。

第三个基本经验可参见下面这句话："我认识"。通常我是通过我的此在的个体的、各种各样的以及受到心理学限制的意识来认识的。从这种意识中，雅斯贝尔斯分离出由逻辑净化的、主观相通的、完全同一的、因而也是可靠的"意识本身"。只有这样的意识本身才是一个独立的大全。在它之中，进行认识的这个我思的我是主体；作为认识对象的可把握的事物是客体。"作为大全的意识本身"是被净化的理智的绝对开放的空间，从这个空间中涌现出一切被强迫当作认识的东西。这个空间即是理智的我,只要它包括每一种逻辑净化的理智,我便是这个空间的一部分。

第四种基本经验见下面这句话:"我的精神形成一个世界"。"作为大全的精神"是我们的构造权力,它通过思维的幻想,通过感觉和行动产生一个全体,这个全体即是总体意义、总体设计、完整的作品。这个作为大全的精神既是能动性的始基,同时又是能动性的过程。由于这个能动性的过程,我们在观念的引导下使现存世界消融,而产生了一个变化了的世界。换言之,也就是说:作为能动性、作为幻想的我就是主观精神,雅斯贝尔斯的这个观点似乎会让人想到黑格尔。然而接下去的就和黑格尔不一样了,作为大全的精神不是绝对精神,而是绝对开放的观念的空间,无论是我的精神的能动性还是作品都来自这个空间。只要我的幻想起到创造作品的作用,我就是这个空间。然而它又比我博大,因为我本人作为全体的一部分被吸收进了观念,我本身也进入了作品。

到现在为止已经提到的大全的诸种方式说明了表现出各自内在性的空间。世界的空间,我们暂时把它当作是非我的大全;此在的、意识本身的和精神的空间,我们暂时把它当作我的大全。一旦这个空间超越了某种客观性,人们就可以称之为产生一切具体现实性的超越的空间。但是,正是由于具体的现实性产生于超越的空间,雅斯贝尔斯称这个超越的空间为内在性的大全,而没有说这个超越的空间是内含着客观性的大全。那么,在这个空间之外,存在是以其它方式出现的吗?雅斯贝尔斯思想中的一个基本决定便是转向绝对超越物的领域。他的这一决定没有经过逻辑证明,而是出于一种单纯内在的、本身建基于超越信仰身以对超越的一种相之中的不满足感,因此,雅斯贝尔斯谈到,如下两种基本经验是互相联系在一起的。

这两个基本经验中的第一个经验是:"我能够达到我自身"。这句话的含义即:我是可能的生存。作为大全的生存就像自由之中的自我存在一样，是不可把握的始基。它不是具有某种状态的我们的如在（Sosein），也不是我们在世界之中的此在，而是突然以无法说明的方式而成为现实的我们的能够存在（Seinkönnen）。它是无法说明的、个别的、历史的，但是在交往中与其他生存联系在一起。在交往中主体就是自我存在的我。这个我由于有了自由因而知道自己是同超越相联系的；客体就是世界的现实性。但是这个世界的现实并不仅仅是实在的存在，而是暗码的存在，也就是说它处于一种趋向超越的关系之中。作为大全的生存是我的基础，我和我的世界由于它而同时与超越相联系，并且由此而产生我的生存行为。

雅斯贝尔斯说，我以生存着的方式获得如下经验：我以无法说明的方式找到了我可能的自由，"仿佛我被赠与了我自己"。他把这个作为赠品的自由设想为超越。这种超越也就是在生存的基本经验中同时提到他物的那个东西，是把我赠予我自己的那个东西，是使世界的存在在阅读暗码时成为超越的那个东西。只有这种超越才是真正的一、真正的大全。它不是大全的某种方式，而是一种始基，当分裂的智慧想要涉及这种始基时，始基便演变为大全的诸方式。因此，雅斯贝尔斯也称这个始基为大全的大全。对于无法达到的东西来说，他的这种称呼倒是几乎完全避开了对象化。

在他物方面以超越构想出一个包容一切的实体，在我这方面则以理性构想出一个包括一切的思维。理性这个大全不是自身的始基，它只是联系一切，它是在思维、感觉和行为之中把握一切相互联系起来的普遍有效的意愿。

随着存在的这些空间和方式的展开，雅斯贝尔斯陷入一种背谬的境地。他的出发点是要澄明那个未规定的一，然而他澄明的却是大全的七种方式，这七种方式之所以是开放的，其根据都是其它看不到的方式。那个仍然是真正的一的存在展现给思维的却是破碎的分裂的存在，因而就不是那个存在了。换言之，如果知性试图把大全真正作为未规定的一，作为超越来把握的话，那么它就不得不去考察不可能具有超越的世界、此在、精神和智性，然后再去考察具有超越的生存。如果知性想要保持忠诚的话，它必须承认这种支离破碎，然而在理性中却同时具有使这种破碎成为统一的要求。因此，关键在于，大全的方式并不是在同一个层次上彼此无关地相互存在着。虽然每一种方式都趋向于以个别的形式主宰一切，仿佛思维就是一切，世界就是一切，知性就是一切，精神就是一切或者自我就是一切。但是理性所起的作用与这种趋向相反，它通过多次层的、等级分明的相互渗透在一之中扬弃了大全的各种方式。它把相互趋向、相互渗透又相互对立的东西交织在一起作为一个相互包容的大全，仿佛成了一个无限开放的多空间交织体（Räumegeflecht），而这个无限开放的多空间交织体本身就是通向存在的无限的通道。

大全的诸方式互相对立：此在是世界之中倾向于用途和推进的如何之在；生存却是负有义务的，决不可能客体化地自我存在；知性是分裂的、以其局部性同一切个别发生关系的意识本身；理性则是永远把一切联系在一起的思维，永远根据全体来思维所有局部。精神是游戏式的幻想思维，这种思维脱离了生存的义务，以有限的观念创造出全体这个构造物；理性则是以生存为基础的思维，这种思维以无限的观念把一切构造物通过一贯穿起来。意识本身仅仅是可代替理性的理性思维；精神则是到受到幻想激奋的、充满着某种主观性的思维。世界是他物，人们似乎可以想，这个他物是从自身中产生的，但是面临着超越，人们不会说，他物是从自身中产生的；超越是他物，它完全是从自身中产生的，完全是自身的原因，它在一个分成层次的圆圈之中。

上述的这种对立使人们可以进行如下的估价：生存高于此在，精神高于知性，理性高于精神，超越高于世界。此在、意识本身、精神、理性、生存、世界、超越这样一个顺序同时是一个等级分明的序列。但是这种层次的等级又由于各个大全相互之间存在的条件关系而被消除。此在是一切体验的条件,当然它也是其他大全的体验的条件。意识本身是一切认识的条件,也是所有大全变成意识的条件。这时,此在和意识本身具有优先地位。这种优先地位表明了不同始基之间的"共同存在和渗透存在":理性和精神包含着知性;此在包含着世界;生存包含着理性和超越。一般说来人们可以说,较高等级的层次是以较低等级的层次为其前提的。但是,相互对立的大全之间又存在着最为奇特的、背谬的相互关系。当主体方面的所有始基属于世界时,它们就被客体方面的始基所包容;可是当世界只是在主体方面的始基中被意识、被体验并以观念形式重新被构造时,那么世界又被主体方面所包容。最终,下列的三种想法表明了整体的统一性:超越在实体上作为最终的始基而包容了一切其它的东西,理性通过思维把一切始基联系在一起。哲学信仰的生命就在于对这些始基的统一性确定不疑。

我们试图对大全的诸方式做一番描述,然而我们只能简短地做了上述概述。尽管如此,人们还是可以理解到,为什么雅斯贝尔斯称关于大全的思想是"最困难的"基本哲学思想之一。关于大全的思想实际上是思维永远遭到挫折的努力,即要在思维时超越思维。它是一条通向超越的道路,而这条道路从根本上来说又必须是潜在的。这岂不是一个荒谬的想法?如果明知一切规定性说的仅仅是存在者,而澄明性却不涉及存在,那么再去说什么存在岂不是荒谬吗?如果把非对象性的东西本身当作思维的对象并不断地做着这种想要回避的事情,那么再去思考非对象性的东西本身岂不是荒谬吗?如果在最终的两个东西之中确定一个最终的东西并不断制造出矛盾并使这种矛盾不断地引起误解,这岂不是荒谬吗?那么,在对存在做了上面这一切努力之后,我们还能见到什么呢?剩下的只是:同义反复、矛盾、悖论和思维活动。词句的罗列代替了关于上帝、关于世界的基础和人的本质的知识，在这些词句的罗列中听起来像是知识的东西很快又被否定。哲学研究的色彩技术把一切都搞得捉摸不定，它用明显的轮廓把涂上奇异色彩的、不封闭的空间分离开，同时又使它们交织在一起，从而通过运动使一切可捉摸的东西消融在不可捉摸之中。这样，人们所掌握的存在永远是一个不在场的虚无，充其量也许只是思维本身的一个不完美的工具，当然也是个正确的工具，它更加深刻地了解我们：我们不可能知。

但是，这种"对不知的知"正是大全哲学真正的收获，并使基本思想成为一种"必不可少的"思维运动。这种对不知的知使本来想超越一切存在者的基本思想重返世界，它给予基本思想以自由、以便基本思想在世界和我之中产生结果。

一个人只要了解了存在是不让把握的，他就不会陷入哲学和宗教的幻影，把存在与概念性的或活的存在者当作同一的东西。他不会像哲学史上曾经有过的那样，把元素、原子、物质、精神、生命等当作说明一切的存在；也不会像宗教史上有过的那样，把人抬高为上帝。因此，他也就不需要抛弃关于存在的设计和宗教。他知道，关于非对象之物的一切话语只不过是形象语言（Bildsprache），仅仅是可做多种解释的暗码。正是由于这个原因，他可以把一切存在学说和宗教都理解为从思维和信仰上去确定仍然不可说的东西的尝试；同样因为这个原因，对于他来说，一切对象物都具有大全可以找到的某种显现方式的深度。他不让哲学教条固定不变，不使宗教迷信客观化并能吸收哲学史和宗教史中真的内容。他反对把存在固定在某个原则之中，反对从这个原则中逻辑地推导出一个封闭的思维硬壳，他能够根据一个活生生的中心去思维一切。他不愿沉湎于神秘主义的内在，不愿在分裂状态下无世界地和间接地沉湎于大全之中；他在世界了解大全的内在，了解依靠这种内在而生活以及传达这种生活的可能性。当启示想要确立一种与对象有关的信仰时，他为了自己个人而抛弃了启示。他能够用一种自由的信仰来确定超越。对于一种普遍的理解可能和接受可能，他将是开放的，由于有了这种理解和接受的可能，思维获得也许未曾有过的内在广度。

这种广度打开了我们碰到现实的空间。现实于是就不再狭隘地被理解。它不仅仅在此在之内，也不仅仅是世界，现实是多层次的、大全式的。凡是来自此在空间的东西都是现实，它是科学的宇宙，就像意识本身构造宇宙一样；它是精神的世界，就像幻想设计世界一样；它是理性的运动性和生存展开的多样性，它是世界，另一方面也是超越。它同时是上述的一切，并最终是它们的合一。因此，它是无限丰富的多样性，我们的思维闯入这种多样性，然而却又无法全部经历它们。

这种广度也揭示了被我们称为真理的意义。在哲学史上，真理主要被定义为实在与智性的相即（adaequatio rei et infellectus），认识内容与事物的一致，这种一致性即正确性。对于大全的方式来说，真理就不再由正确性来解释了。确切些说，大全的每个空间都有真理意义，这种真理意义的有效性是有限的。在此在的空间中，凡是发展此在并获得此在的东西便为真；在意识本身的空间中，凡正确的便为真；在精神的空间中，凡使有限观念达到一致的便为真；在生存的空间中，凡使我达到我自身的便为真。最后，理性的真理意义见诸于下面这句话："联系在一起的便为真。"作为一种真理必须保持开放，没有任何人有权利以真理的占有者自居。这种真理即超越的真理，理性的永恒运动以这种超越的真理为根据来确定一切真的方式的真理意义。

因此，雅斯贝尔斯的基本思想便是一种兼顾两方面的思想。它摆脱了与存在者的过于狭隘的牵连。为了思维存在，它打开了广阔无垠的理性视界。凭借这种广度的优势，它进入世界。由于在存在面前它仍然是不完满的思想，于是它通过此在来充满我们的思维方式。这样，通向存在的这条道路虽然是不成功的，但是对于迂回到达现实却是必要的。

对于真来说，上述的逻辑虽然是个不成功的逻辑，但是，它反过来与世界发生联系时，便成了理性宝贵的工具。我们已经指出，雅斯贝尔斯没有使这一逻辑完全清除掉内容，但是比这更重要的也许是把这一逻辑用于构想一切内容，从而使思维获得完全的广度。

在一次讲座（1956/57年）中，雅斯贝尔斯试图根据大全哲学以大纲的形式构造起全部哲学。据此他想写一本书，并把书名称为《密室的钥匙》（Clavis Clavium）。关于这个书名他写下过如下的话："此名蕴义深刻而简朴，它昭示了启开密室的钥匙，在此密室中有打开存在这个宏伟大厦的所有空间的工具。这把钥匙并不启开存在，然而它使人获得一切可能的钥匙，其中的每一把只打开大厦的一间密室……作为整体的空间不是由一把钥匙打开的……我寻找着密室的钥匙……——我相信会找到的……"①

接下去雅斯贝尔斯便用一种"范畴学说"和"方法论"来阐述思维工具。封闭的"科学理论"用"科学"的宇宙说来编制它所使用的对象。在雅斯贝尔斯的遗稿中，这部书写了一部分，还有一部分只有提纲。关于大全哲学人们原以为它是以大全的诸空间来编制顺序的。然而这些空间并没有依次排列而是相互交织在一起。于是雅斯贝尔斯寻求一种横穿这些空间的编制原则，而形成如下的主导思想：我反复所思的东西在思维中就成了对象。"形式思维的方法和普遍的形式科学（逻辑学、本体论）与普遍对象性范畴相适应"。一切存在作为对象时便是现实。我通过"特殊的现实范畴"来把握现实。与特殊的现实范畴相适应的是"认识现实的个别方法"和一切"分支科学"。存在在我的自由中展现自身。与使我的自由之在得到澄明的自由范畴相

---

① 遗稿。

适应的是超越的哲学方法和由大全形成的科学（哲学、神学）。

现在我们必须回顾一下雅斯贝尔斯这一设计所包含的内容：这部书［《密室的钥匙》］第一卷打开存在的空间并由此而澄明前逻辑的东西。范畴学说说明哲学语言，方法论说明获得知识的方法，科学理论划分知识内容——当然，这里所说的知识决不仅仅是主观有限的知识而是流传下来的知识总体。这样，一切范畴都被把握，一切方法均得到阐明，一切知识内容都有其所辖的领域。由于无法根据某种推论的原则来把握雅斯贝尔斯设计的逻辑基础，因此，这种逻辑的基础便是世界的思维史。使一切思维形式、一切思维方式和一切知识发生影响并把它们保存起来的并不是某个思想家，而是世界思维史。

4. 生存的结构：生存哲学

思维存在的尝试表明：一切关于存在的思维仅仅是关于存在和最终真理终究是什么的"不成功的表达"，[①] 思维仅靠其自身是无法通往存在的。被思维的存在并不是存在。

对于雅斯贝尔斯来说，这并不意味着根本没有通向存在的道路。存在也就是人的存在。在人的存在中（而不仅仅是在关于人的构想中），从存在经验的意义上来说人已经处于存在之中了。然而，这意味着什么呢？人的存在究竟是什么？

在大全哲学的展开中，存在也被思作此在、意识、精神和生存，被思作主体的存在方式。只要人是主体，并且不仅是主体而且是世界之中的客体，那么它就是一个大全，这个大全是此在、意识本身，以及精神和生存，然而作为"完整"的人，它又是这些存在方式的大全。这就是说当人思维自身时，它必须同时把这一切存在方式当作自

---

① 《哲学》第一卷，第 278 页。

身来思维。这样，人在构想自身时不会成功。一方面，人比自己对自己的思维要少，因为在思维中他给自己加上了普遍的称谓；另一方面，它又比自己对自己知道得要多，因为它是任何思维已经把它分裂开的大全。因此，人究竟是什么，对此，人无法在对自己的构想中获知，而只有在关于自我存在的经验中获得。

我们已经说过，雅斯贝尔斯称自我存在为生存。可是生存一词表示的是什么呢？"首先，它仅仅是对于存在的一种表示。"[1]只要"存在"指的是现实，那生存也就是"关于现实的诸词汇中的一个。"[2]但是，这些词汇仅仅是同义反复的相同，对它们的解释只有通过同其它存在相区别才有可能。"生存不是如何之在，而是能存在，换言之，即：我不是生存，而是可能的生存。我并没有自身，而是趋向自身。"[3]因此，生存就不像或在或不在的此在那样具有当下状态的意义，它仅仅是一种可能性，它生成转换、闪耀发光，自失其身，离开自身。作为某个个别的自我存在，它是不可代替的，绝对历史的。因此它无法进入概念。它是无条件的核心、是个别之中的始基，它自由地打破此在，在经验中成为"当下"，[4]然而它不是客体。因为自我存在也是存在自身，所以生存就是"在时间之中对自我的趋向，即成为当下的永恒"。[5]总之，在雅斯贝尔斯看来，"生存必然是超越的，这就是生存的结构。"[6]他的意思不仅是说，作为始基，作为大全的生存本身就是超越，而且是说，生存归根结底是以超越、以大全的大全为基础的。生存通过超越而被设定为始基，超越是自由之中的赠予者，

---

[1] 《哲学》第一卷，第15页注。
[2] 《生存哲学》，第1页。
[3] 《面对基督教天启的哲学信仰》，第29页。
[4] 《哲学》第一卷，第147页。
[5] 《面对基督教天启的哲学信仰》，第32页。
[6] 同上书，第30页。

生存则是这种自由所赠予的。因此，生存是不可动用的。它"时而在时而不在选择之中"，①它就在选择时，离开自身，因为它并不创造自身。只要它在或不在选择，它就同自身保持着关系，只要它是由超越所决定的，它就同超越保持关系。"生存就是同自身并由此而同超越保持关系的东西。"②

只要雅斯贝尔斯的哲学把生存置于现实的中心，他的哲学就是"关于生存的哲学"。作为关于生存的哲学它仿佛有两个空间；其中一个是广阔的空间，在这个空间内，雅斯贝尔斯的哲学追问一切现实对于生存的意义；还有一个较狭隘的空间，在这个空间内，它探究什么是生存，生存是如何生成的以及人是如何体验到生存的。在其广阔的空间中，雅斯贝尔斯的哲学是生存哲学，在其较狭隘的空间中，它是专门的对生存的澄明。因此，对生存的澄明便是其生存哲学的中心，而生存哲学则是最广义的对生存的澄明。

如果生存哲学把生存置于现实的中心，这决不表明它把生存作为唯一的现实。生存的结构就是生存的开放性：生存在"此在之中是可能的生存"，③是被超越赠予的生存。因此，生存哲学本身对于世界之中的此在开放，并对超越开放。这种开放性仿佛就是检验其真理愿望的试金石。如果生存哲学在生存之中封闭起来，不是把生存只绝对地设定为始基，而是将之确定为存在于自身之中的最终的东西，那么雅斯贝尔斯就认为这种生存哲学就是"生存主义"（Existentialismus），是把关于现实的看法狭隘化和教义化的一种形式。

当生存哲学对世界和超越开放时，它是从一种特殊的意义上来考察世界和超越的。对于世界而言，它是一种世界定位。"对世界的哲

---

① 《面对基督教天启的哲学信仰》，第29页。
② 《哲学》，第一卷，第15页。
③ 同上书，第二卷，第2页。

学定位不把科学的最后结果总结为一种统一的世界图像,而是表明一个有效的绝对的世界图像的不可能性;它寻找事实科学关于世界的态度可疑性",[1]它在这样做的时候虽然利用了一切事实知识,但是却从两个方面逼近事实知识的边界:一方面洞察世界图像的开放性,另一方面洞察世界知识及其认识进程的意义。它超越任何一种对象性而趋向存在的开放性,它在这种开放性中飘忽不定,从而使自由的空间和生存成为可感觉的。因此,世界定位是一种超越性的思维,它以科学为基础,将存在意识带到科学的边界上,并对可能的自由保持开放。

然而作为形而上学的生存哲学既不是神学,也不是宗教或宗教的替代物。它不是一个开放的存在,不是教堂里信徒的共同体,也不是崇拜和祈祷同超越的可能对话。超越是生存哲学不熟悉的,从未成为对象的一,生存哲学从不问超越是什么;对于它来说,有超越,这就足够了,但它问:超越对于生存有何意义,生存如何在不知超越时确定超越。

作为大全哲学的雅斯贝尔斯的生存哲学对于世界的态度是在开放的空间里飘忽不定,在澄明生存时呼唤自由,寻求着超越对于生存的基本意义。雅斯贝尔斯在《时代的精神状况》(1931年)中对其生存哲学做了最广义的定义:"生存哲学是利用一切事实知识的、然而又是超越性的思维,由于此,人想要成为他自己。这种思维不认识对象,而是同时澄明和获得如此思维的人的存在。由于它超越了一切确定存在的世界知识,因而(作为哲学关于世界的态度)它是飘忽不定的;然而也因为此,它(作为存在的澄明)呼唤着自由,并且(作为形而上学)通过召唤超越而创造它无条件行动的空间",[2]这样,它就

---

[1] 《哲学》,第一卷,第30页。
[2] 《时代的精神状况》,第161页。

是"重新超出人之外"①的哲学。

雅斯贝尔斯说,生存哲学和生存澄明的核心就是呼唤自由,这意味着什么?生存的澄明是什么?

雅斯贝尔斯不仅创造了这一术语,而且进行了生存的澄明,发展了描述这种思维复杂而又严格的方法。

生存的澄明探究生存是什么以及生存的生成。它一开始就具有不可克服的困难:生存是个别的,绝对历史的、不可代替的、不可归属的,简言之,是个体的。作为现实的生存,它是沉默的。给予它的任何一个称谓却是普遍的,但是又无法说出各个特殊的生存。对生存一无所知,对生存分析是不可能的。因此生存的澄明说的是可能的生存。它用概念思维,但这些概念不是范畴,而是记号、指示器,是可能的生存的图表。这个图表不是现实生存的摹写,而仅仅是在思维中构造的生存的摹写。这个图表的功能在于想到我的生存。它并未说出生存,而是呼唤生存。澄明生存的思维是以普遍性为媒介的呼唤,它想让人们听起来既是思维又是呼唤。它仿佛是一种复合音调的思维,是在普遍性与充满之间的狭缝中进行的反思,是构造性的,唤醒意义的思维。

为了具有这种复合音调,澄明生存的思维基本分为两步:首先它在逻辑、心理学和形而上学的范畴中使生存客体化。为了使这些范畴仅仅被理解为指示器,于是作为第二步,澄明生存的思维便又消失了生存的客观性;它把这些范畴引入对象性的界限,让它们陷入循环、同义反复和逻辑矛盾之中而自困,从而又变成间接的呼唤,而生存则成了人们无法知道的生存。在聆听呼唤的时候,澄明生存的思维不仅仅是纯粹的思维,它在思维中与生存一起飘忽,因而它也就是生存的进程。

---

① 《时代的精神状况》,第15页。

那么，指示生存的记号是什么呢？记号的数目是无限的，所有范畴最后都属于记号。从时间与永恒，自由与必然统一性的意义上来说，记号的结构可以被思作自相矛盾的。然而这一矛盾的结构却是生存结构在记号之中的反映。这样，人们便可以说"瞬息"即是时间之中永恒性的原子；任何一种对个别的"规定"即是自由选择的并由永恒性设定的规定；"无条件的行为"即是那些虽然在时间中发生的，然而其最终的基础却在自由之中的行为，等等，不一而足。这里，我们不可能将所有的记号——展开，具有自相矛盾结构的这些记号基本上是由克尔凯郭尔想出来的。这里我们只限于谈少数几个由雅斯贝尔斯创造的或是在他哲学研究中居中心地位的记号：临界境况、交往、自由。

一切此在都在境况之中。雅斯贝尔斯认为境况即心理的和生理的、与意义有关的具体的现实，每个人都以其特有的方式在其中做瞬息的停留。此在境况根据外在条件、人的行为、理解和体验的变化而发生变化。因此，它是偶然的、可变的；由于被限定为具体的现实因而也是可认识的。雅斯贝尔斯认为，与这些偶然的个别境况不同的是"最终境况"。[①] 这种最终境况"与人的存在本身联系在一起，与最终的此在不可避免地一起被给予"。[②] 它们是不可造就的、不可改变的、不可离开的和不可克服的境况。它们是人的存在的境况，包含一切个别境况，因此，雅斯贝尔斯称它们为"基本境况"，[③] 由于个别在它们之中，体验到它们，于是雅斯贝尔斯又称它们为"临界境况"。他创造了"临界境况"这一术语并借助它把握了在他之前所没有看见的东西。

[①] 《普通心理病理学》，第四版，第271页。
[②] 《哲学与世界》，第229页。
[③] 《面对基督教天启的哲学信仰》，第318，319页。

二 思想

所有基本境况都以此在的有限性为基础,只要人把自己理解为有限性和无限性的综合,基本境况就是临界境况。作为有限的此在,人有出生,趋向死亡,同其他此在处于斗争之中;由于在各种可能性之中进行选择,并由此而错过开放的可能性之中的其它可能性,因此人是有责任的,人听命于偶然,像一切现实的东西一样是历史的。对于雅斯贝尔斯来说,关键在于人同这种最终境况保持何种关系。人能够用非本己的生存把最终境况掩盖起来,能够经验、体验到最终境况并由此而朝向生存突破。只有在经验到基本境况时,基本境况才是临界境况。这样,"界限"就不再是对此在的限定,而是此在清晰地趋向超越的场所。"界限表达的是:有另外的东西……"[1] 在对一个和另外一个的经验中,此在转变为生存。"经验临界境况和生存是同一回事。"[2] 在这个界限上,以无限的东西为立足点的此在的每一立足点都靠不住了。因此,临界境况同时又是"哲学的更深刻的始基。"[3]

这一思想的意义在于:此在不是一个完整无缺的、可理解的和可通观的全体。确切些说,此在是由于其"互相矛盾的结构"[4]而被打开的,它是开放的,这也就是说:它是无底的。在此在之中,人始终已经耸入开放性之中。人是如何承受和经验此在的开放性的,这标明了人的特点,也使人不同凡响。尽管已感到无限厌烦,但人仍然能够注意着开放的虚无并成为进行观察的虚无主义者。他能够将这种开放性理解为他的仿佛来自于永恒的、自由的空间。这样对于人来说,在此在中的不成功就是通向生存和无限的立足点的突破。

关于临界境况,或许人们可以得到如下的印象:雅斯贝尔斯认为通向生存的道路就是处于孤立之中的个别的道路。这样想就错了。对

---

[1] 《哲学》,第二卷,第 203 页。
[2] 同上书,第二卷,第 204 页。
[3] 《哲学引论》,第 21 页。
[4] 《哲学》,第二卷,第 250 页。

于雅斯贝尔斯来说，个别在不可替代的意义上虽然是唯一的，但是在个别化和封闭的孤独化的意义上却不是唯一的；相反，在同他人的交往中，人才是个别的人。

从最广泛的意义上来看，交往即通过信息流通而形成的"有意识成为理解的共同体"。① 交往以可理解的语言为前提，因此"只有在人之间"② 才有交往。"自我交往"③ 是臆想的、不着边际的东西，在人之外的交往仅仅是一种比喻。真正的交往就是在对话中形成的人与人的共同体。

在此在的空间中，交往可被理解为"使此在相互依存和相互促进的"④"生命的投合和兴趣的共同体"；⑤ 在意识本身的空间中，它被理解为"把所有人作为理智本质而联结在一起的、具有广泛普遍性"⑥ 的共同体；在精神领域，它被理解为由"全体观念的共同实体"⑦ 而形成的共同体。上述的这些共同体都是客观的，⑧ 是交往的内在形式。它使处于偶然性之中的、追逐各自目标的人联结在一起。但是它的联结并没有达到生存的深度。因此，雅斯贝尔斯认为，在这些共同体中也有某种不足。然而正是由于这种不足，这些共同体才注意到生存的交往，注意到可能生存的共同体。

但是这种可能生存的共同体应当如何形成呢？亚里士多德设想了一个共同体的最高形式——"Philia"⑨；这是本质一致的伙伴们在

---

① 《理性与存在》，第72页。
② "答复"，第782页。
③ 《哲学》，第二卷，第55页。
④ 《真理论》，第375页。
⑤ 同上书，第379页。
⑥ 同上。
⑦ 同上书，第376页。
⑧ 《哲学》，第二卷，第55页。
⑨ 希腊文中的"爱"、"友谊"。——译者

相互之间的、受理性控制的爱之中进行活动的共同体。① 当这种爱成为友谊时，在亚里士多德看来，它就是两个各自有独特本性的人相互适应的过程，这一过程使得自我的爱和朋友的爱在本质上等同之中成为同一的东西。雅斯贝尔斯的生存交往在关键问题上与亚里士多德的"Philia"截然相反。正因为生存是绝对个体性的，因此决不可能有两个或两个以上的生存的相互融合。所以，对雅斯贝尔斯来说，交往是两个生存以各自不可混淆的自我存在相互介入的过程。这种交往处于自我存在与奉献之间的紧张对峙中。它以孤独为前提，其目标虽然仍旧在于单独的存在，然而结果却引出了双方的存在。

在交往中，伙伴就是他本人，这一点是十分重要的。个别的生存是沉默的。而对其他生存，个别生存没有意识到自己是什么，因此，交往不是沉默的相互融合，而是"爱的斗争"，是对抗，也就是为了使他人能够开放而进行的斗争。这种斗争并不想取胜，因为在他人的颓败中自己的生存不得不沉寂下来。这一斗争因而也是为了他人自由的斗争。交往的形成以生存为前提，生存在交往中实现自身。因此，交往是由于爱而产生的两个生存的斗争，是两个伙伴本身的开放，他们各自开放并且对他人开放。

"交往"也许就是雅斯贝尔斯哲学的基本词汇，他的思维是反对孤独的哲学，在关于与人共在方面，他的哲学将下面这句话放在中心地位："如果我只是我自己，我就得荒芜。"② 他的哲学根据可能的交往来衡量每一种哲学思想。"只有思维进程促进交往，思想在哲学上才是真的。"③ 这就是说，他的哲学以交往确定了最广泛的真理意义。"真理是将我们联系在一起的东西。"④ 由于其意在于交往，因此他的哲学

---

① 《尼可马科伦理学》，第七册。
② 《哲学》，第二卷，第 56 页。
③ 同上书，第二卷，第 56 页。
④ 《面对天启的哲学信仰》，第 150 页。

找到了进行哲学研究最为广泛的始基。

通向存在的道路在交往中即通向与他人共在的道路；通向与他人共在的道路即通向自身以及在自身之中通向超越的道路。

只有当自我自由选择自身，另外一个自我同意他的这种自由时，交往才有可能。生存一定具有自由，但是自由并不趋向生存；它根本"不在自我存在之外"。[1] 生存的基础在自由之中，因此自由成了"阐明存在的一个真正的信号"。[2] 自由是它自己最初的东西，也是它自己最终的东西。作为生存的基础，它不是非人的、普遍的东西，而是我的自由——我的生存的自由。

每一种试图对自由做出规定的尝试都是不成功的。自由仍然不可认识，它没有成为客体。但是，在生存之中，我却"对我的自由确定无疑，这种确定不是在观察和对自由的探究之中，而是在进程之中"。[3] 只有对自由的使用，换言之，即只有生存才能证明自由。"之所以在决定中把握真理是出于如下的希望：由于我能够愿意，因此我将从根本上找到我自己。"[4] 我从生存的基础出发来选择我的生存，再在生存中选择自由以及生存的基础。因为对我的规定性的无知使我面临选择，因此我必须进行选择。"感知是必须意愿（Wollen）的始基。"[5] 如果了解我自己决定的选择就是对根据可能性我所是的东西的选择，那么我就可以把我的自由意愿理解为一个"超越的必须"。[6] 这样，自由便表现出一种自相矛盾的结构，这便是生存的基础。

由于自由是生存无条件的基础，因而它就成了生存澄明和生存哲

---

[1] 《哲学》，第二卷，第191页。
[2] 同上书，第二卷，第176页。
[3] 同上书，第二卷，第185页。
[4] 同上书，第二卷，第181页。
[5] 同上书，第二卷，第191页。
[6] 《哲学信仰》，第46页。

学的核心。雅斯贝尔斯生存哲学的核心便是自由哲学。虽然它并没有说出这一点，但是它指向自由并指出了通向自由的道路。所有这些道路已经存在于自由的空间之中并且指出走自由之路的人所具有的某种特征。如果人们有超越对象的自由，那么由于人们的思维达到对象性的界限并在此找到开放的空间，于是人们便获得了自由；如果人们有自由在此在的不成功中经验到朝向生存的冲动，那么人们在对临界境况的体验中便获得了自由；如果有愿意自由并使他人自由的自由，那么人们在交往中便获得了自由；如果人们有自由相信超越的自由，那么人们关于超越的论述便获得了自由；因为人们是自由的，他便获得了自由；人们之所以自由是由于他获得了自由。这个循环是打不破的。因此，通向自由的道路并不是获得解放的方法，而是不可动用的自由之在的进程。

雅斯贝尔斯用下面一句话表明了生存的结构：生存必有超越。这句话是以经验为基础并使经验成为可能的一种信仰。"只要我真的是我自己，我便确信，我并非由于我而是我自己的。"[①] 生存与信仰就是这样循环地联结在一起。对于这种以生存为基础并使生存成为可能的信仰，雅斯贝尔斯称之为"哲学信仰"。由于一切哲学都是对对象性的超越，因此哲学就是靠信仰而生存的。"哲学信仰是一切真正的哲学研究的必要的始基。"[②] 在一切哲学研究中，哲学信仰即"引导和中介"。[③] 因为这种哲学研究目标在于自由和交往，因此，哲学信仰首先就是对自由的信仰和对"交往的信仰"。[④] 自由与交往是雅斯贝尔斯衡量每一种信仰的尺度。然而对自由和交往的信仰却是一种没有教会、没有政党、没有教义的信仰，它是一种无防护的、无遮蔽的、坦露的

---

① 《哲学引论》，第 43 页。
② 《生存哲学》，第 80 页。
③ "答复"，第 825 页。
④ 《哲学信仰》，第 46 页。

信仰，是为了自由而敢于超越的信仰。

　　这种信仰并不确定超越。对于它来说，超越是完全不具有客体、没有实在性的、永远不显露的他在和一；它是彻底开放的大全。信仰寻找通向超越的道路，由于生存的结构，对生存的澄明同时也要求对超越的澄明。思辨以逻辑概念思维超越，可是却使超越成为思维的对象，因此，永远也无法通过语言来达到它真正要意指的东西。生存一心一意地固执地同超越发生关系，然而却把超越作为它所不是的你来体验。对于生存和理性来说，在界限上的一切世界之在都是对它们的超越。可是究竟什么是提示超越的暗码，仍然有无限多的含义是不可知的，超然于一切暗码的东西无法被提示。暗码是超越在世界之中的多重含义的反映，仿佛是世界破译生存的手迹，但是这种破译永远不是单义的。最后，这些暗码又一次成了这个世界，就像生存根据超越对它们所做的解释。但是暗码不是世界之中的超越，因此任何想获得超越的尝试都是不成功的。由此可以断定，超越是不可接近的他在。超越否定性地展现自身，人的超越都是不成功的，所以，不成功本身便成了超越的最高暗码，成了"经验存在的可能性"。[①]

　　这种自由的信仰有两个敌人，一个是：不信仰，它在"超越不存在"这句话中作为否定的信仰表现出来。另一个是对客观化超越的信仰，它表现于"上帝在启示"这句话中。雅斯贝尔斯反对这两种敌人，这倒不是因为它们是另外的信仰方式，而是因为它们作为信仰而放弃了自由，并且不再对自己提出疑问。它们在其他生存中封闭了自身，导致交往的中断，因而也直接给生存带来不幸。雅斯贝尔斯认为，这种在启示信仰中以上帝名义，在不信仰中以人的名义所做的事情是对人和超越的真正的嘲弄，它在一切教会和一切由内在信仰组成的共同体中造成了分裂。为了使它们一致起来，雅斯贝尔斯反对上述

[①] 《哲学》，第三卷，第236页。

两种敌人。

倘若信仰和不信仰会导致不幸,那么为什么去决定信仰呢?雅斯贝尔斯的回答大约如此:我之所以决定信仰,是因为哲学思维在客观的意义上最终将要返回到信仰。决定彻底的不信仰只是为了掩盖知识的界限。可是只有信仰才把不可知当作自由之门对人开放的巨大希望。面临的抉择并不意味着在信仰与不信仰之间决定一个,而是在使自由成为可能并意愿自由的信仰和导致暴力的信仰之间决定一个。因此,选择便是:为了生存而选择交往;为了交往而选择自由;为了自由而选择超越;为了超越而选择哲学信仰——所有这一切都是为了一个目的:使理性和真理在世界之中有自己的场所。

5. 对世界的关注:世界哲学

雅斯贝尔斯的早期哲学将生存作为个体的自身存在而置于现实的中心。它的记号一方面与超越的无限有关,另一方面与自身的绝对有关。虽然它并不缺少与实在的联系,但这种联系被它扬弃了(aufheben):生存显现于此在中,而此在则可以说在生存中"蒸发"。在生存中,世界是当下的,一方面它在世界存在的自相矛盾中被粉碎,另一方面,它变成了暗码的王国。他人对于生存来说是根本性的,但他人只是作为值得与其发生交往的少数个别人中的一个。所以,雅斯贝尔斯的早期哲学成为一门内在性的哲学——作为一门如雅斯贝尔斯所了解和期望的特殊德国哲学——一门二人哲学(Philosophie zu zweien)。对于这门哲学来说,自身存在要多于此在,内在化了的共同体要多于社会,暗码要多于实在的世界存在,失败多于成功。

尽管雅斯贝尔斯当时已经知道:"人的存在……作为在经济、社

精神病学家，海德堡 1913 年　　　　克尔凯郭尔（素描）

1931 年　　　　在舒策马特公园（约 1960 年）

让-保罗·萨特

格奥尔格·卢卡奇

康德（油画）贝克尔作（约1768年）

青年哲学家 　　　　　　　海德堡，1942 年

巴塞尔，1968 年

免职后的雅斯贝尔斯（约 1938 年）

关于罪责问题的研座，1945/46 冬

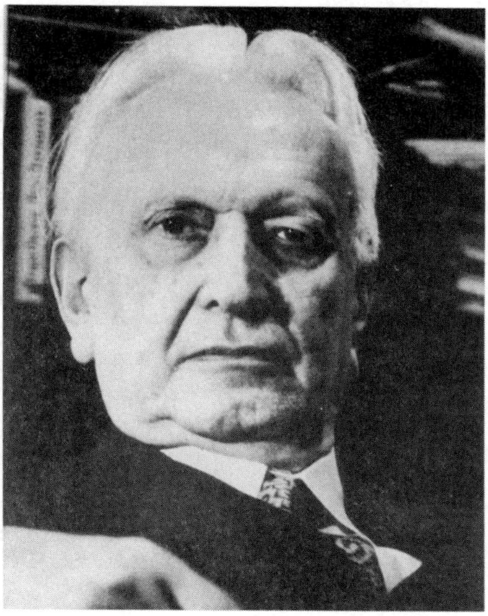

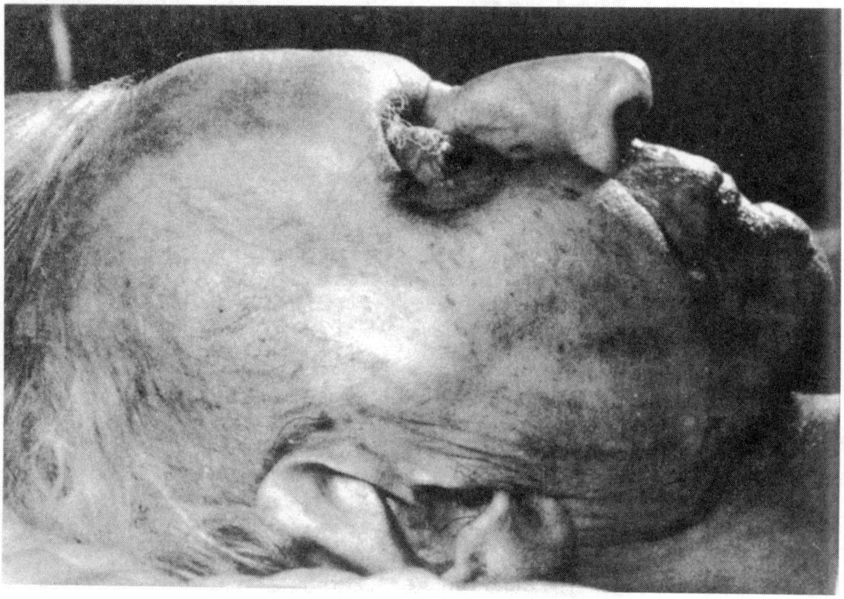

在工作沙发上

《时代的精神状况》海德堡 1930

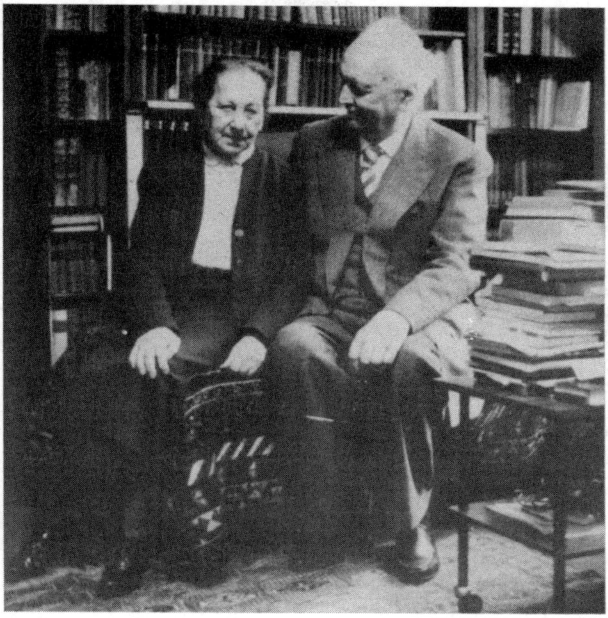

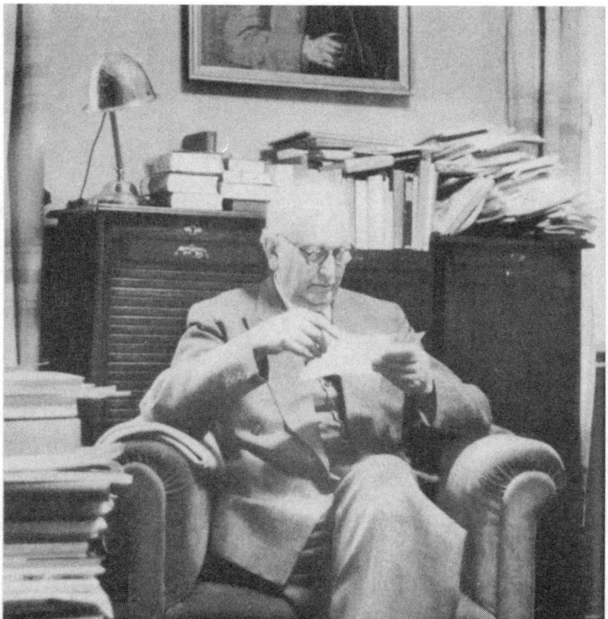

最后一讲（1961年）

离开教室

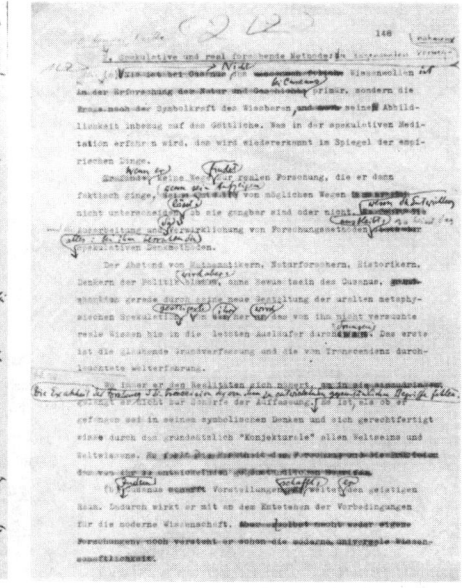

《论孤独》手稿（1916，初稿）　　　　　　修改过的打字稿（最终稿，1964 年）《库萨的尼古拉》

西格蒙德·弗洛伊德　　　　　　　　　　　　格尔特鲁德·雅斯贝尔斯

恩斯特·迈耶

马丁·海德格尔 　　卡尔·巴特

埃德蒙德·胡塞尔

会、政治境况中的此在依赖于所有其它的实在。"① 但这个命题对于他来说，在"第三帝国"中才获得具体含义。自由"在于所有人都自由这个标准中"；②政治自由以生存的自由为基本条件；因此，社会可以规定共同体是否存在并且在何处存在；这些经验使他成为一名谙熟无世界的存在和无社会的内部交往之不足的思想家。过去他曾对时代的精神状态提出过疑问并且警告性地对它进行了解释，借此，他针对现代失去个性的现象、针对精神在纯粹此在目的中的平均化、针对在此在制度危机中的怀疑论，提醒人们注意生存；现在他也对世界的精神、政治实在提出疑问，并且寻求所有那些使世界中的集团成为可能的条件。生存的记号获得了它与世界的联系：交往向包含世界的、总体的理性共同体扩展，自由向生存和政治自由之间的相互贯通、相互包含状态扩展，信仰向为了理性世界而超越的信仰扩展。世界自身移入现实的中心。由此，雅斯贝尔斯看到了所有哲学研究的一项新任务："对于在如此彻底改变了的条件下的哲学研究来说，精神的新形式是必要的。它们首先隐秘地产生出来。我们这个时代令人激动的东西在于，运用一件新东西将古老的、永恒的东西装在容器中，使我们可以接近它们。"③雅斯贝尔斯把这个新思想称作"世界哲学"。

雅斯贝尔斯对世界哲学的理解，在任何地方都不很明确。这个术语是在双重的对立中构成的。在与"生存哲学"的对立中，"世界"标志着大全，它指的是现实；在与任何民族的哲学的对立中，"世界"指的是总共同体的领域，下述的思想就是由这个总共同体领域而产生并以它为目的：世界哲学是"在人类的大共同体中，在一个共同的空间中的思想"。④在这个领域面前，连西方哲学也过于狭隘，并且所有

---

① 《时代的精神状况》，第22页。
② 《总结与展望》，第150页。
③ 遗稿。
④ 遗稿。

民族哲学都只是"某些类似乡土艺术的东西"。[1]

雅斯贝尔斯曾说，他对于世界哲学的观念，"猜测多于了解，是尝试性的而非占有性的"。[2]他说：世界哲学将成为"理性的工具论，成为思维可能性的全面系统论。它导致理解中的无限开放性……提供报告中的最大的精确性的可能"。[3]因而，世界哲学是为人类创造作为统一性的总的交往领域的思维。所以它必须"能够为所有人理解"，"必须成为民主性的哲学研究"，[4]但又不是"通俗哲学"；谁思考这门哲学，"谁就渴望成为世界公民"。[5]

雅斯贝尔斯将创建世界哲学看作："时代的必然任务"，[6]在世界哲学的道路上，他意识到："我们是从欧洲哲学的暮色出发，穿过我们这个时代的朦胧而走向世界哲学的曙光"。[7]"我们所有个人都停留在这条道路上。"[8]

提出世界哲学这一任务的基础是科学技术的时代。对于雅斯贝尔斯来说，我们这个时代在近两千年中，"在精神和物质上确实是一个崭新的时代"，[9]从这个时代中产生了"新世界的意识"，[10]交通和通讯的发展使地球成为一个整体。"地球的统一出现了。"[11]然而它只是地域的统一体，还必须把它创造成为政治的统一体。战争技术的发展

---

[1] 遗稿。

[2] "讣告"由雅斯贝尔斯自己撰写，载《巴塞尔大学论坛》，第60册，巴塞尔，1969年，第4页。

[3] 遗稿。

[4] 遗稿。

[5] 遗稿。

[6] "讣告"，第4页。

[7] 《总结与展望》，第391页。

[8] 《哲学与世界》，第386页。

[9] 《论历史的起源与目的》（摘自苏黎世1949年版）。

[10] 同上书，第152页。

[11] 同上书，第163页。

使得这一要求极为迫切。① "原子弹造成了一个全新的境况。在这之前，人作为单个的人尚能自己生活。他在战斗中尚能杀人或被杀。如果说，那时人们可以灭绝种族的话，那么，现代人则可以消灭整个人类。"② 这个看法赋予"未来的"政治意识以"另一种结构"。③ "今天真正的政治……是世界政治或以实现世界政治为目标的政治"，④ 它致力于"世界秩序"。⑤ 但雅斯贝尔斯认为，"这是我们时代政治的临界境况"，⑥ 他极希望看到这样一种境况。一方面，原子弹给所有的生命带来了灭绝的危险。另一方面技术的发展使几乎绝对的政治极权主义成为可能。在这种极权主义统治下，任何浅薄的、无远见的对世界的改造都无济于事。因而任务是双重的：必须建立一个世界秩序；必须保留政治自由。

雅斯贝尔斯严肃地意识到这个新的世界实在，他不仅仅只是在几本政治著述中提到它。他认为，哲学家的真正任务在于建立一种新的思维方式，从而为一个自由的事件秩序提供可能性条件。

这种新思维方式的前提是不存在任何一种对所有人都具有约束力的真理；对必然的历史进程的认识，以及对世界规律的认识都不是这种真理。因此，这种思维方式的目的不在于，在一门学说中把握这样一种真理，并用它来满足人类的奢求："现在你们有真理了；因此你们可以一致起来，因为它强迫你们自己一致。"相反，这种思维方式知道：人生活的真理以及解释世界的真理是多义的和多重性的。因此这种思维方式想审查它的真实性，看它是不是交往性的、间接的；

---

① 《原子弹与人类未来》，第5页。
② 同上书，第21页。
③ 同上书，第3页。
④ 同上书，第112页。
⑤ 同上书，第121页。
⑥ 《希望与忧虑》，第168页。

看它对其它的真实性是否开放着。"接下来，我的哲学研究对所有思想、所有经验、所有内容提出疑问：它们对于交往意味着什么？它们能够促进还是阻碍交往？它们引诱人走向孤独，还是呼唤人进行交往？"①"交往是通向所有形态的真理的道路。"②只有在世界哲学中，真理概念，即"真理是联结我们的东西"，才成为绝对指导性的并且成为如今在公众中富有影响的真理概念。它不再单纯以两个人的对话为前提，而是以在公众之中的对话为前提。推动交往的手段是"公众的精神之战"，③这种精神之战摒弃任何物质的暴力，而只借于论证来进行。交往的可能性在公众的自由之中，同样也在思维方式的自由之中。没有公众的自由，真理便始终隐藏着、缄默着；没有思维方式的自由，真理则转变为谎言和暴力。非普遍有效的真理只要求排他性，并且通过这种要求来中断交往，这便是谎言的原则。中断交往与期望谎言与暴力是一回事。它是世界上绝对的恶，并且对世界来说也是绝对的恶。

怀着创立总体交往思维方式的意图的雅斯贝尔斯，进行了[描述]世界思维史的巨大尝试，关于这一点我们已做了介绍。虽然对世界思维史的把握以各自的生存为依据，但被把握的却应当是那些为思维提供了理解的活动范围的东西。

怀着世界哲学的意图，雅斯贝尔斯同时又进行了另一项巨大的尝试；他将思维系统地置于他的全部范围之中，揭开它的真实性的所有来源并且在范畴论和方法论上对它加以澄清，使得最大限度的可理解性成为可能。因此，将雅斯贝尔斯的逻辑仅仅标志为生存哲学的逻辑，这是一种错误。它同时也是世界哲学的逻辑学，可以说是世界理

---

① 《总结与展望》，第414页。
② 同上书，第416页。
③ 《原子弹与人类未来》，第303页。

性的逻辑学，它想使由思维组成的交往成为可能。

怀着世界哲学的意图，雅斯贝尔斯试图澄明哲学的信仰，把它作为所有哲学思想的基础。这里的任务在于消除任何一种形而上学真理的客观化，以便在信仰中，同时在传统的信仰中消除任何形式的排他性。对雅斯贝尔斯来说，问题永远不在于消灭信仰，消灭传统的信仰形象，消灭宗教，而在于使它们对其它信仰开放。因此，所有信仰对象都必须放弃它们的实在真理的方式并接受暗码存在的真理方式，这种真理方式现在是无限多义的。此外，他在其遗著《面对天启的哲学信仰》中还表明与生存哲学的"形而上学"不同，这部后期著作的意图明显指向世界中的理性。本来还有一章也属于此书：《天启信仰和政治》。雅斯贝尔斯将它抽取出来扩充为一部独立的著作。这部著作的基本思想在于：作为政治思想和行为的政治，或者是一种无信仰的、在适当界限之内的无实体的技术统治和实效的行动，或者是以某种信仰为基础。关键在于，这个信仰是哪类信仰。以天启信仰或科学迷信为基础的政治导致偏执和暴力行为，因为它的根据排他性原则的信仰基础本身就是偏执的，它成为强权政治。强权政治的极限是极权主义，它或是诉诸于极端的强权，或是诉诸于强制性的知识，这种知识实际上已经变成普遍的信仰。然而，政治的原则并非是暴力和战争，它应当以一种交往的信仰为基础。作为政治信仰，它是一种对自由，对交往、对世界中理性的作用力的信仰。它虽然可能在公众中进行争斗，但它永远不会去消灭自由。真正的政治"以期望自由的信仰为基础"。①

思维只有以整个思维的世界史为指导，才能获得它最大限度的交往范围，与此相同，新的世界意识只有把握了实在的世界史，才能获得它的范围。"只有全部历史才能提供标准以测定当下发生的事件

---

① 《论历史的起源与目的》，第 210 页。

的意义。"① 雅斯贝尔斯之所以这样说，其目的在于确立将世界视为统一体的世界意识。虽然在雅斯贝尔斯之前就有了把历史进程当作一个统一图表来把握的历史哲学，但其主导思想仍然认为历史过程是进步的，是有模式的。在雅斯贝尔斯之前，至少在康德那里，就已经有了"按照世界公民的意愿的历史观"，即以世界的政治统一为目的的历史观。但是，雅斯贝尔斯把出于世界公民意愿的历史视为世界历史，这还是一种新的尝试，这种世界历史全面地以经验的历史为根据并且从它自身中展开历史进程的模式，这种做法有助于理解历史性的当下并且展现着未来。

在我们这个时代之前的世界历史仅仅是"地域历史的聚合"，②并且直到今天，它才成为"地球的事实性总体历史"，③为了使它形成统一体，雅斯贝尔斯在经验材料中寻找一个轴心，"在那里产生了此后能够成为人的东西"。④"在我们总的历史印象的基础上获得"这样一个轴心，"这就是说，要超越出所有信仰的差别，获得某种对于整个人类来说共同的东西"。⑤

只有这样一种经验的轴心才能像现实对于"无限交往"⑥的要求那样产生影响：雅斯贝尔斯看到了这个轴心，这是他对一切未来历史哲学的一个创造性贡献，这个轴心决不是臆造出来的。"世界历史的这个轴心似乎处于公元前五百年左右，在公元前800至前200年之间精神发展的过程之中。"⑦这个时期，在中国生活着孔子和老子，同时产

---

① 《论历史的起源与目的》，第15页。
② 同上书，第45页。
③ 同上书，第99页。
④ 同上书，第19页。
⑤ 同上书，第40，41页。
⑥ 同上书，第41页。
⑦ 同上书，第19页。

生了中国哲学的所有流派；在印度生活着释迦牟尼，《奥义书》正在写作之中，并且哲学达到了欧洲哲学从未达到过的广度和深度；这个时期，在伊朗生活着查拉图斯特拉，并且阐述着他关于两种敌对原则的学说；在巴勒斯坦出现了预言家，在希腊出现了荷马，哲学家们和悲剧家们在创作他们的著作。

这个轴心时代"成为将人类置于世界历史的同一个联系之中的粘合剂"。① 与它相比，在它之前的时代可以在广泛的意义上被理解为前历史或者历史的准备；在它之后的时代，可以被理解为始终由它参与决定的历史。在雅斯贝尔斯看来，在它之后的时代中只有一个现象具有根本上新的含义：即科学技术的时代，可以把它比喻为一个"新的普罗米修斯的时代"，② 它开辟了通向作为世界历史的道路。

在进入这个历史的过程中，政治不可避免地成为世界政治。雅斯贝尔斯构想了它的前景，他不是为了给人以指示，而是为了通过启发性的预测引导政治意愿超越民族国家而朝向世界政治统一。对于雅斯贝尔斯来说，这种世界的统一必须以自由为前提，因而他并不像汤因比和罗素那样考虑一种世界帝国，一种世界国家，而是考虑一种世界制度，它可以将各种现有的制度联合在自身之中。在这种世界制度之中，战争"必须从人类事务的进程中被排除出去"。③ 如果"所有人的生命都面临毁灭的危险，那么任何未来的战争就都是荒谬无理的"。④ 在这种世界制度中，民族的绝对自主权被放弃，所有对外政策都转变为世界的对内政策。因而战争工业的必要性也不复存在。"全部生产都可以用来为此在服务，而不用于毁灭性战争。"⑤

---

① 《论历史的起源与目的》，第 76 页。
② 同上书，第 47 页。
③ 《原子弹与人类未来》，第 39 页。
④ 同上书，第 3 页。
⑤ 《论历史的起源与目的》，第 254 页。

我们不再继续展开关于世界秩序的思想。它在雅斯贝尔斯那里是一个始终变化着的观念，这种变化在他所有付印的著述之中表现出来，并且一直持续到他的晚年。但有几条原则是不变的，从这几条原则出发，所有的政治行为都变得复杂而艰难：政治即世界政治，它以一种世界秩序为目的；根据世界秩序的观念，它不允许施用暴力；但所有政治最终都是在暴力中得到保证的。政治创造了决定一切的政治自由；但对政治自由的运用，甚至对它的意愿都依赖于生存的自由。政治借助于法律和契约有可能构成此在的共同体，但是为了守约，除了履行契约以外还需要在契约的伙伴中培养政治道德。所以，政治，尤其是世界政治到处都面临着这样一个基本境况：它虽然创造着自由，谈论着民族、同盟、人类统一，但它还必须与个别的人打交道。因此，雅斯贝尔斯作为政治思想家始终有意识地处理合法性与道德性，共同体与个人，制度与暴力之间的矛盾。作为这种基本境况的结果，他的政治思想中到处可见到责任伦理学的范畴以及对忏悔的呼唤。谁割断了政治与伦理的联系，谁就使政治变成空话，并且将它出卖给不负责任的行为。这种人就可能为罪犯国家奠定基础。

这也表明，世界哲学决不可能是一种完全与生存哲学相分离的哲学。确切些说，它是一种思想，这种思想也想用理性来关注每一个生存，这样，这个生存就成为交往性的生存。关注世界同时必然关注其对立的一极：个人。因为只有当世界为个人提供了实现生活意义的自由时，作为统一体的世界才是一个自由的、值得期望的世界。因此世界哲学是这样一种思想：它在总的交往中始终关注着个体的自由，它借助真理、自由、理性使个人达到自身，使世界达到统一。

对作为统一体的世界的关注是对未来世界的关注。只有当它深入到当下的世界之中，它才不是精神的游戏。"只有对当下负责，我们才能对未来负责。"①必须从这里出发来理解雅斯贝尔斯的政治主张以及他的政治主张中所包括的双重运动：一方面是从自己的民族走向较大的统一体，即走向西方，走向欧洲的道路；然后越过这些偏向去寻求世界的政治统一。另一方面是从和平与自由的世界制度的大全观念返回到至今仍在推行的"世界政治"的道路，而后再返回到自己民族国家的政治的具体领域：议会辩论、选举、政府构成等等。第一个运动是从实在出发进入尚未存在的非实在的政治。"哲学的非实在论可以持续地证明自己是确切的实在论。"②另一条道路是从禁绝所有的政治建议出发不断地深入到政治家们的禁区之中。这条道路也是必然的。"因为政治家们无论承认或不承认，他们基本上都暗暗地反对人民的觉醒和成熟。"③

雅斯贝尔斯没有完成世界哲学的任何一个部分。他认为，在创立世界哲学的任务方面，他的思想仅仅"走在半路上"。④一部分世界哲学的完成是指：它在指明一种新思想的时候本身已具有这种新思想的真理素质。在系统学和历史的目光看来，这部分完成了的世界哲学有世界的广度；它由于其基本的交往意愿而对世界是开放的，当介入当下的任务时，它与世界是近切的。

6. 思想的发展

雅斯贝尔斯一生的思想建立在三个前提上：

1. 思维是意向性的。它有意识地指向一个对象或者它就是具有对象的思维。思维是在"主、客体的分裂中"进行的。

---

① 《论历史的起源与目的》，第 193 页。
② 《希望与忧虑》，第 193，194 页。
③ 同上书，第 367 页。
④ 《总结与展望》，第 391 页。

2. 所有的存在者在认识中都是为我的存在。它们是"现象",而不是自在的存在。

3. 尽管自在的存在事先被描述为整体;但是它只是在"分裂状态中"向思维展现的。人们无法知道它是什么。

这些基本原则是相互联系的。主、客体的分裂是现象和可能认识的处所。它的界限便是知识的局限。

根据这些原则,雅斯贝尔斯的思想发生了一系列变化,这些变化使他的思想内容具有新的光彩,尽管如此,他的思想内容大多还保持着原有的基本特征。我们在这里仅仅指明雅斯贝尔斯的思想变化的最重要的轨迹:

年轻的雅斯贝尔斯最初的兴趣在于哲学。他并不明白哲学是什么。对他来说,哲学是某种无法达到的东西,它谈的是关于人类存在的根本性的东西。他认为,与哲学的崇高相比学院哲学的教学活动是平庸的、贫乏的并且毁灭着智慧的良知。"我有一种在精神上拯救自己的冲动。我期望科学、纯粹的空气和现实。我自为地抵制学习哲学并且不久就不再从哲学课中去了解哲学。我转向自然科学与医学。"①

他从医科大学生成为心理病理学家。心灵开始时被他当作全体和现实。关于反常的心灵生活的科学全部都包含在心理学中。心理学开始时仅仅是心理病理学的背景知识,此时则成为一个新的目标,它只有借助于总体考察的方法才能达到。它与哲学有严格的区别。真正的哲学对它来说是"预言哲学",② 预言哲学列出价值表和规范,表明自己的世界观和生活意义,它质朴地意识到自己的真理性和局限性,明确无疑地宣布自己是什么,并且应当是什么。相反,心理学则将一切

---

① 《哲学》,第一卷,第16页。
② 《哲学与世界》,第2页。

都"看作是人类心灵的可能现象"。①作为科学,"它故意做局外人"。②它"不表明态度,它不愿意像预言哲学那样做任何宣传,它为那些期望获得生活意义的人提供石块,而不是面包,它将那些愿意依附、服从,愿意当学生的人引回到他们自身。"③它的动力仅仅在于那种科学认识的意愿。尽管有这种严格的区分,雅斯贝尔斯在他的心理学中仍然铺设了一条通向哲学的道路。

虽然心理病理学为了获得明白性需要哲学的范畴和方法。但哲学对它来说只具有一种否定作用;作为逻辑学它净化批判的理解。

对于雅斯贝尔斯来说,理解的心理学"不是借助于一种冷漠的旁观的科学性的思维,而是借助于体验性的思维。"④它将心理学家作为理解和体验的个体一同带入心理学中。只有当心理学家对自身的生存做出说明时,理解心理学才会完全明晰起来。

这门心理学的前提是预先把握了全体。但对于思维来说,有这样一个问题:思维如何事先思索全体这个"概念",是将它看作规定了的,可规定的,还是未规定的。这里的抉择就是思维者对实存的抉择。雅斯贝尔斯选择了全体的人的不可规定性,人是可能性。这样,雅斯贝尔斯在心理学中已经将自由置于人的中心,因为他明白,他不知道人是否真是自由的。凡是探索者寻找自由的时候,他总是遇到必然。"自由不是进行探索的认识对象。选择不在于:我是否经验地指出或不指出自由,而在于:我是否愿意或不愿意为'不存在自由'这个命题及其后果承担责任。"⑤

谁如果对一门自由心理学做出这种抉择,而同时自由又不能成为

---

① 《哲学与世界》,第11页。
② 同上书,第5页。
③ 同上书,第3页。
④ 同上书,第7页。
⑤ 《普通心理病理学》,第四版,第630,631页。

这门心理学的对象，那么反思也许会不可避免地将他一举带入另一个领域，在这个领域中，人们用另一种思维方式来对生存进行说明，并且问题始终围绕在人的全体上。"人们把与全体打交道称为哲学。"①因此，向哲学的迈进可被理解为对心理学的不断超越。

对这门哲学来说，现在被设定的全体（以神秘主义的表达方式它被称为"心灵"）在哲学的语言中叫作"生存"。②这门哲学并没有即刻了解"生存"意味着什么。雅斯贝尔斯还是心理学家时便运用了这个术语，当时被当作是"生命"的同义词，同时它具有"此在"的经验意义以及扩大了的"自我"的意义。尽管他在当哲学教师的最初几年里把"生存"与"此在"当作同一个东西，但他当时还是说"对生存要分析"，"对此在要揭示"。③当他的心理学准备超越所有对精神产物的认识与整理而间接地运用自我沉思的手段时，他已经在他的心理学中阐述了"自我"意义上的"生存"。关于"自我"，当时他是这样论述的："只能在背谬中围绕着自我兜圈子，而无法认识自我；它是一般同时又是个别。因为它不可能是这样，所以自我在生成中。"④当心理学能够围绕着这个生成兜圈子时，它已经就是对生存的揭示了，尽管它自己并没有清楚地理解这一点。

从心理学向哲学的过渡的原因在于理解心理学的质料。它一方面可以"作为心理学研究的中介"，另一方面可以"作为对生存的澄明"。⑤但是向哲学的飞跃取决于方法，取决于对质料运用的意义："在对'意义'的理解中我们必须区分两条道路，一条是通向心理学的考察和确定某物的经验认识的道路；另一条是警世式地设计意义可能性

---

① 《哲学与世界》，第 1 页。
② 《哲学》，第二卷，第 1 页。
③ 同上书，第一卷，第 20 页。
④ 《哲学与世界》，第 413 页。
⑤ "答复"，第 819 页。

的道路，这个设计的目标在于自由。"[1]

在划清"生存"概念与"此在"概念的界限之后，雅斯贝尔斯谈论对"生存的澄明"和"生存哲学"。"生存"概念也使他原来对真正哲学的理解发生了变化。此后，"预言哲学"在他看来是"宗教的替代品"，[2]它是"被摒弃的哲学方法之一"。[3]他用另一门哲学来反对它，这门哲学不提供价值表、指标和学说，它呼唤着每一个特有的、由自由向着生存的突进。

生存哲学讨论可能的生存，讨论生存的模式，就这点来看它是客观思维。这个模式以自己的生存经验为基础，并且本身呼唤着绝对个体的生存，就这点来看它又是主观的思维。人们根本不可能在一门逻辑学中奠定它的基础，除非这门逻辑学开放自身，从而创立一个容纳生存思维所有源泉的空间。恰恰是生存哲学的主观特征使它的逻辑在范畴和方法论方面得以最大的发挥。它因而成为"理性的工具论"。[4]理性作为从思维而来的包罗万象的一，现在成为真正的工具，而理性的实现成为哲学研究的目的。"今天我宁愿将哲学称为理性哲学，因为似乎急需强调哲学的原初本质。如果理性丧失了，那么哲学本身也就丧失了。"[5]但是，由于逻辑扩展为所有思维的总的基础，所以逻辑同时也是一门总体哲学的逻辑。雅斯贝尔斯在几经犹豫之后没有将这门哲学称为"总体哲学"，而是称之为"世界哲学"，这表明，这门哲学的思维是集中在这一点上，即：从理性的基本的交往意愿出发达到世界的可能统一。

人们可以将这个思想发展的道路描述为从心灵到精神，从精神

---

[1] "答复"，第818页。

[2] 《哲学与世界》，第11页。

[3] 《哲学》，第三卷，第31页。

[4] 《总结与展望》，第430页。

[5] 《我们时代的理性与反理性》，第49，50页。

到生存，从生存到理性，从理性到世界的道路。但这些概念是现实的基础词汇。在这条道路上，趋向总体性的意愿时时都在起着主导作用，因此，全部现实都应当包容在思维之中。这条道路因而是一条通过科学和哲学趋向我们还远远没有完成对其进行反思的全体的通道。

三　形象

> "我不知道我是什么，我不必谈论我的本质……"①

最后，我们试图围绕雅斯贝尔斯的形象展开我们的评述。我们不是在一幅已经完成的，往往由人们最后虚构的肖像中进行我们的工作；而是将经验材料聚集在一起并加以整理，使这个形象在其中得到具体的体现。所以我们分开论述，作为人，作为研究家、教师、教育家，作为著述家，作为同代人和作为哲学家的雅斯贝尔斯。而对他的总的把握，我们则留待读者自己去做，读者会获得对他的总的印象的。

1. 人

人们可以用雅斯贝尔斯自己写过的一句话来总结他的生平，"我工作，此外我一无所为。"② 疾病很早就规定了他所能够采取的工作方式："对我来说，唯一可能的……是在精神活动中发挥影响。"③ 因此，

---

① "答复"，第 27 页。
② 遗稿。
③ 日记，1905 年 2 月 15 日。

三　形象

他深居简出，尽管这种深居简出的生活并不令人舒坦。他爱好许多东西，只要它们是生活——决不是抽象意义上的生活，而是完全具体的日常生活的可能欢乐。他喜欢美味佳肴（它们总是具有待客时的那样丰盛精美），讲究的衣着（它们非常得体、令人体态轻盈），早晨的时间（在晨曦中精神显得益发敏锐和清醒），花朵（他喜欢把花当作自然的使者放在他的工作室里）——尽管有这些微小的乐趣，但他仍然对生命的脆弱感到忧心忡忡。他意识到他生活在生命的边缘，担心会突然失去所有的可靠性，失去创造力。正因为如此，他把每一天都当作一件礼物感激地接受下来，并且把所有他不能工作的日子都看作是这礼物的丧失。他从来就不具有那种斯多葛主义的对未来的信心。"我始终把握当下，而不允许过多地期待。"[1]他"越来越为物质生活的条件忧虑。"[2]出于这种忧虑，他从未不加思索地帮助朋友，只对少数几个朋友提供过主动的帮助。人们如果不了解他对其他人的忧虑是何等强烈，定会把他看作是一个完全的自我中心主义者。

当他二十岁时了解到自己的疾病之后，他写下了"我的精神生活"的基本原则：

1. 非常有规律地生活。十点上床。七点至八点起身。在规定的时间吃饭。饭后安静舒适地躺一会，但不入睡。

2. 仔细地、有意识地按部就班地进行精神工作。

3. 小心对待一切身体的不适。

4. 如果人们要我做一些与我生活秩序相悖的事情……我必须尽可能毫不胆怯地表示厌恶。[3]

---

[1]　《哲学文集》，第243页。
[2]　遗稿。
[3]　日记，1903年6月24日。

直至高龄他始终根据这些原则来安排日常生活。他大约在八点起床，吃早餐，尔后立即开始工作。九点半至十二点半之间是勤奋工作的时间，这段时间大多是在写字桌旁度过的。但工作常常被打断，因为他得把痰咳清，并稍做休息。十二点半以后，他接待来访或者继续工作半小时。然后他与夫人一同散步；在海德堡他常常登上宫堡；在巴塞尔则去舒策马特公园。即使天气寒冷也从不中断。中饭后他上床休息，把痰咳尽。大约在三点半他起床、喝茶，尔后又工作到六点左右。如果没有客人或者没有急信要处理就一直工作到七点。晚饭后他大多躺在他的工作沙发上，整个晚上都在那里阅读，直至十点，如果他感到身体很好，那么在这段时间里他也会在写字桌旁工作。

几乎只在生病的时候他的生活秩序才会出现变动。他把讲课的时间安排得与常规日程相符。几乎不存在真正的紊乱。他从不参加社交，但却乐意在星期天的后半个下午让人给他讲述一些社交界的轶事。在巴塞尔居住的二十年中，他去过一次电影院，是为了看他的学生库尔特·蒙夫曼拍摄的影片《我们这些神童》，还去喜剧院看了一出戏，这是因为他从前的一位女学生在其中担任舞蹈演员。对于学校的事务，只要不是纯社交性质的，他量力参加。除了教授职务以外，他从未接受过任何公职，也从未接受过学校管理方面的职务。

只是在每年四个星期的假期里，他才会有意识地打断这个秩序。如果别人提供有利条件，他便出去旅行（去过巴黎、罗马、柏林、西西里岛、荷兰、卢森堡、伦敦、坝城、圣摩里兹、第尔马特和其它一些地区），看一看世界。在假期中他允许自己有较大的阅读自由并且进行适当的游览。除此之外，他在假期中的生活和全年一样。

他的整个一生都笼罩在一种痛苦中："我有一种深深的痛苦，我一生都一再感受到它：我无法进入世界，我不能在活生生的当下中把握人们的思想，并且也不能让别人来把握我的思想。"① 根据他的体验，丧失世界从来就不是指一种为了事业而自愿接受的牺牲，而是指一种由命运所决定的经验的狭窄。由于公众了解了他的经验基础的狭窄，所以他也常常感受到一种对他的著述的根本怀疑。他的这些著述所表现出来的经验似乎比雅斯贝尔斯本人能够具有的经验要丰富。他一生都企图通过以下方式来消除这种怀疑的合法性：一方面他明确放弃不可能的东西，另一方面则最完美无缺地利用他具有的经验。"我的此在迫使我必须将少量的经验看作广泛的事件的代表，把小事物看作是大事物的镜子。知觉的敏感性以及将知觉到的东西变为想到的东西，这便是我认识的方法。必须在似乎无关重要的经验中看到现实的内容，在似乎无足轻重的现象中看到可能，例如，在恶言相诟的教授身上看到潜在的焚烧异教徒的点火者，在大学的争斗中看到时代的战线，在院系会议上看到现代企业的努力。"② 他习惯于将他的经验记录下来，反复进行思索并且注意它们的结论。所以，他变得耳聪，"皮薄"③，以一种地震仪似的敏感对他周围发生的事情做出反应。他处世有方，在生活中应付自如。在与公众的交往中他几乎从未受骗。

由于他不能进入世界，所以他将他的屋子对世界开放。他有许多客人。"如果不能进入世界，那么墙壁就必须是能够被穿越的，"④ 他常常这样说。来访的不仅有他的同事，而且有"几乎各个行业的人"。⑤ 诚然，疾病在这里规定了界限，"超出一个小时，至多两个小时以上的谈话是一种危险，它可能会使体温突然升高。"⑥ 他几乎从未

---

① 书信，1931年12月24日。
② 遗稿。
③ 皮薄（德文：dünnhäufig），指感觉敏锐。——译者
④ 对话录。
⑤ 遗稿。
⑥ 遗稿。

与人进行过纯交际性的闲聊或议论别人长短的闲聊,而一般只是利用这段时间,做两个人之间的交谈,有一些是消遣性的和交流情况的交谈。他喜欢做这类交谈,只要对方思维敏捷并且常常使他能够了解到一些新东西。这时他看上去精力充沛、开朗,高兴得开怀大笑,常常忘乎所以地在谈话中挑起争论。另一些是与政治家、科学家们的实际交谈,这些谈话大多使对方得到教益,因为在他们面前坐着的是一位不断运用反思的大师。尽管他在实际的知识方面并不比别人高明,但在澄清实际知识所提出的问题方面,却胜人一筹。

然而,真正吸引他的谈话是哲学方面的交谈,他只与少数几个人进行过这类交谈。雅斯贝尔斯在这些交谈中决不去寻求对他的思想的证明,而是寻求与其它思想的交锋。"我很早就渴求与精神上的敌手相会,只要他能无保留地表明自己的看法。"[①] 此外,他还有一些理想的条件:他是一个豪爽的谈话对象,能宽容大度地接受别人的看法,能有涵养地不去计较一些无关紧要的缺陷,还能随时认真地采纳别人的意见。在交谈中,作为认真的听者,他是开放的,对方理性的最微小的变化也会感染他。他的记忆力惊人地可靠,借助于这样的记忆力,他拥有几十年来思维在他大脑中积累起来的一切,在其中也可靠地保存着与他进行交谈的人所做的那些陈述。当然,对别人的陈述他是有所取舍的。出于对清晰性的强烈意愿,他在设想诸种可能性时偏执地寻根问底,而当这种寻根问底表现出其部分的真理性时,他重又离开了这个话题。他以坦率的气氛来解除对方的拘束。他给对方以自由,允许他通过提问来向他挑战,而他自己则固执,尖锐地向对方提出质疑,并且追问到底。

雅斯贝尔斯不让任何一次谈话白白地过去。"有时我在来访之后,在交谈之后,立即坐到写字桌旁,迅速地写下几句话,记录我与人们

---

① 《哲学》,第一卷,第30页。

在一起时所感到的一致以及或隐或现的相异。我与人们的交往决非为了记录谈话这个目的，我在交谈中从未想到过这类事情。但是，一旦我独自一人时，那种激动，那种不满，那种一致的幸福感，那种相异感，就变成了一种想要把我经历的一切都记录下来的渴望。这或许是一种值得怀疑的举止。我本是不愿意将这些记录拿给我的谈话对象看的。"[①] 这些记录虽然大都是些一般经验，但我们应当将如下这样一个事实归功于它们，这个事实就是：根据这些遗稿他与其他人的几乎所有重要关系都已经明白无疑了。

他的敏锐使他能够在与别人的交往中巧妙地运用他的主观感觉。对他来说，在第一次会见中，他的直觉所显示出来的东西，同情或反感的反应，都是十分重要的。他常常从道德方面迅速地对谈话对象做出判断。他一旦发现理解了某一个人——这大多数是依靠他更能体察人情的妻子才能做到的——便立即放弃任何先入为主的怀疑。他不允许自己根据心理学去判别他周围的人，而是在自身中为他们留出一块很大的空间，在这个空间内他们并不是固定的不能动弹的。人们感到这种自由，并且在这种自由中感到自己有提出要求的可能。雅斯贝尔斯在贡道夫逝世时曾在讨论课上说过这样一句话，这句话也适用于他自己："只要看他一眼，人们自己似乎就会变得更好。"[②] 尔后他开始推想他的那些朋友和谈话对象可能是些什么人，有时竟会相信他们现在已经是他们可能成为的那种人了。有许多次他完全错了。除非他认为不得已，否则他尽可能避免怀疑自己的推想有错误。在激烈的争论之后，一切都已接近于决裂，这种决裂大多是由对方造成的。他强烈地感受到这种决裂给他带来的痛苦，不想把它看作永久性的决裂。"由于我坚信我以前感知的实体将继续存在，因此，我过去曾肯定过的

---

① 遗稿。
② 遗稿。

人，如今就不能再否定他。但是我也不能沉溺在与别人建立的友情中而不去理会本质性的东西，而只是一味强调过去的事情（除非在相互对立的澄明中有根本和解的可能）。"[1] 在雅斯贝尔斯一生的交往中，那种亲密无间的友谊往往不如互相保持一段距离的相交来得稳固。交往之所以成为他的基本概念之一，正是因为他总是一再地被抛回到孤独之中。

他在加入一个社会团体时，最明显地感觉到这种孤独。

在他的回忆中，学生生活对他来说始终是一种孤独的折磨。在海德堡医院里他曾同意与别人进行可能的合作，但他最终仍然是局外人："使我感到痛苦的，是我没有完全进入这个圈子。我始终在害着单相思。"[2] 对他来说，大学作为教授们的社团（不是作为教学和研究基地）是一个经验世界的领域，而不是一个合作的场所。"我是一个异乡人……这是由于我对大学的看法而引起的。"[3] 在看到在大学生骚乱中大多数教授们都企图借助权力来得到自身的保障时，他准备与这个社团决裂。"我认为学院改革不可缺少的条件是取消教授们的独裁。权力腐蚀着精神。"[4]

虽然他觉得，从属于德意志国家是命中注定，但他的生活始终与这个国家不协调。"我不仰息任何一个国家、任何一个阶级、任何一个阶层。我在这里自幼所经历的一切，都毫无收效。"[5] 只有唯一的一次，他试图参加一个党派。"1919年我加入民主党，1923年我又退出了，因为我觉得它没有任何特点，没有明确的路线。所有其它的党

---

[1] 遗稿。
[2] 遗稿。
[3] 《命运与意志》，第28页。
[4] 《煽动》，第215页。
[5] 《哲学文集》，第242页。

派对我来说则更生疏。"① 在他看来，如果有一天他与国家决裂，这不是耻辱，真正的耻辱在于他没有舍生去反对它。

他与教会的联系更弱。雅斯贝尔斯尽管受过新教洗礼，施过坚信礼，并且他一直交纳教税，直到逝世为止，但这一切都仅仅是出于习俗。"我们的父母并不通过教会来对我们进行教育。谁也没教过我们祈祷。根本不谈论上帝。"② 父亲对他说，教会是一种必然的祸害，他也这样说，只是后来说得更含蓄些。年轻时，他"为了取乐"③ 有时试着与教会打打交道。例如，1902 年复活节他去了罗马的彼得教堂。在那里，"主要的事情是：这个大教堂被大群人塞得满满的，音乐和其它一切都不出色。卡尔笛那·兰普拉是这出闹剧的指挥。"④ 两年后，关于赫尔戈兰教堂他这样写道："与以往一样怪声怪气地唱着虚幻的赞美诗，与以往一样，做着愚昧无聊千篇一律的布道……，基督教的教会无疑已经悄悄地僵化了。在这个教堂里……，使我感到毛骨悚然的是，这个机构竟拥有如此令人难以置信的统治，并且竟能将这种统治伸入到我们私人的生活中。但愿人们能够确信，从根本上诅咒这个基督教会是件正当的事情。"⑤ 直到老年，他才"以我自己的方式理解并赞同教会，尽管我整个一生都始终没有和它接近。"⑥ 教会就像雅斯贝尔斯自己哲学研究的一个对立面，有时像是一个受欢迎的精神对手，只是在濒于死亡时，他才和这个对手完全分开了。"人们曾经声称我在年迈时变得更笃信、更神秘、更虔诚了，对此我颇感怀疑。

---

① 遗稿。
② 《命运与意志》，第 84 页。
③ 书信，1901 年 5 月 28 日。
④ 书信，1902 年 3 月 30 日。
⑤ 书信，1904 年 8 月。
⑥ 《哲学文集》，第 246 页。

人们不妨可以说，我变得更清醒、更明白、更有经验了。"[1] 他不相信教会的说教。在教会看来，他不是一个基督徒，因为他始终把基督教信仰的观念即上帝变成了人，看成是对上帝的亵渎。他曾刻下了这样一句话："上帝在，这就够了。"[2] 虽然他想出这句话，虽然在他一生的最艰难的岁月里这句话伴随过他，但是此话究竟是指他在宗教的意义上相信上帝的存在，还是表示自己对上帝的厌恶，这仍然无法确定。然而可以肯定的是，雅斯贝尔斯在他漫长而艰难的一生中从来未说过一句可以被人们解释为对宗教承认的话。所有宗教始终都好像与他离得很远。

　　社会联系的不足并没有使他失去依靠。他相信自己，他具有一种原初的、几乎是非反思性的自我意识，这种自我意识使他在自然的尊严中、在自主的高贵中保持着自己的本色。尽管他在生活中不是一个英雄并且避免自己成为一个英雄，但他却能够在精神上独立，他不代表任何团体，也不为了自己去利用任何团体。许多人恰恰是对这种精神的独立性感到恼怒，他们混淆了自主与自负，混淆了被迫丧失世界与市侩习气，混淆了对集体性的怀疑与狂妄自大。事实上，雅斯贝尔斯在他所认为的伟大面前是很谦虚的，他既不把自己看作天才，也不把自己看作超常的例外，而是看作"一个具有中等才能的人"，[3] 由于勤奋和专心致志的热情才意外地做出了一些成绩。

　　在他的一生中说到底只有一种联系始终是绝对可靠的，这就是与他妻子的联系。共同的哲学生活是"我们所信任的唯一坚实的点。"[4] 他们的婚姻决不是一种家庭闲逸的生活，并没有"在毫无激情的本性的平静中、在容易导向心灵贫乏的斯多葛主义中、在传统婚姻形式的

---

[1] "答复"，第830页。

[2] 《哲学引论》，第38页。

[3] 《命运与意志》，第29页。

[4] 遗稿。

可靠外表中"固定下来。① 他们夫妇俩一直是独立的人，他们俩的生活时而有偏执的争论。在这种爱情中，雅斯贝尔斯具有一种童稚般的纯洁情感。他死后，人们在他的文件中发现一小束情书，这是他在晚年时写下的，这些书信的口吻亲密，然而羞怯，他称他的妻子为"宛若在上帝那里代表着我的尤物"。②

虽然自然给他肉体上的馈赠微不足道，但直到晚年雅斯贝尔斯仍然保持着创造力；虽然他一生患着疾病，却仍然保持着心灵的健康；虽然每天的治疗使他厌恶到了极点，但他仍然开朗而不忧郁；虽然躯体的孱弱使他远离社会，但他仍然待人友善并且对世界开放；虽然他不得不与众不同地对待他的此在，却仍然保持他健全的理性；所有这一切是一项共同的作品，它不仅仅是生活智慧的成就，同时也是哲学的成就。哲学使一个注定将迅速毁灭的此在度过了漫长而幸福的一生。在最后几个月里，他几乎只能像牺牲品一样，任凭疾病的摆弄，当他注意到他的思维能力在消失时，他指着他的头脑说："现在它完了"，尔后又补充了一句，"可我还是喜欢活着。"

2. 研究者、教师、教育家

雅斯贝尔斯既是研究者又是一位教师。作为教师，他是一个教育家。他一生都在从事研究。作为心理病理学家，他仅仅是一个研究者；作为心理学家，他主要是研究者，号召进行自我沉思；作为哲学家，他也是研究者，研究、汲取哲学史的精华；作为哲学家，他还是研究者，从事对思维的解释。至今为止还没有人对他作为研究者的此在进行阐述。我们试图简要地对此做些描述：

---

① 遗稿。
② 遗稿。

作为研究者,雅斯贝尔斯首先是一个方法大师。他创造和描述了各种方法(现象学、理解的方法、汲取的方法、澄明生存和超越的方法以及其它方法等等);他还分析了其它的方法;他发展了自己的确定的方法意识,他设计了一幢由不同方法组成的大厦。他有意识地对方法进行各种各样的探讨,这种探讨的多样性使他能够不仅仅成为一名方法论者,就其分析方法和从事现象学而言,他是分析学家;就其作为一个理解心理学家而言,他是一个心理活动的描述者;就他创造了方法大厦而言,他是一个进行观察的方法的整理者;就他使知识内涵在总体性上达到统一而言,他是一个综合家。

作为描述者,他具有非凡的移情力和观察力。他运用这种能力勾画了他的疾病史和他的疾病状况,他描绘了心理学的典型和他生平的画像。这一切都不是纯粹材料的堆砌,而是具体、形象、活生生的画面,它的那种强烈的生动性迫使人们身临其境地随他一同思索、感受。

作为一个已经描绘了这些形象的分析研究者,雅斯贝尔斯创造了一个概念世界,他使可靠地再认识现象成为可能。作为心理学家,他的理想在于,"像占有被削尖了的石头那样占有概念",[①] 作为哲学家,他的理想在于,用辩证的反思不懈地澄明那些不能单义地确定的概念,并且用范畴论创作一部哲学语言的教程。

作为综合家,他并不只是一个想象中综观他的各种借贷物的调和主义者,一个千方百计把不同的东西联系在一起的综合主义者,也不只是一个匆忙做出综合的理论家;他是一个以观念为目标的研究者,他的综合始终是开放性的。

雅斯贝尔斯尽管总是在追求客观性,但当主观性不可避免时,他也勇敢地接受它。这种主观性在这位研究者的信仰中、在他生存的前

[①] 《普通心理病理学》,第四版,第708页。

三 形象

提中、在预先决定是赞成还是反对确定观念的时候是不可避免的。他深刻阐明并且承认这些前提。他做这些事时知道，这些前提根本就不可能证明一种观点的正确性，因此也永远不能作为论证性的东西出现在科学中。他是一个立足于科学基础之上的哲学家，是纯粹的科学研究者。

主观性还包括活生生的精神。雅斯贝尔斯作为研究者不是一面只作客观反映的镜子。他具有"颤动着的心灵"，[①] 但是，他仍抽象冷静地对待心灵在激动中所获得的认识。

他始终怀着对事实的渴望，以持久的勤奋来观察现实。出于一种求知的热情，他宁可犯下明确的错误，也不愿提出含糊的意见；因为他把某个明确的错误看作是一种明白地获得对这个错误的认识机会。对于已获得的认识，他将它们保存在他惊人的记忆中，不再遗忘，这是他的基本信条之一。他要求对一门科学"要么就是完全地理解，即是说，直至把握住它的中心问题，要么就是完全不理解"，[②] 在这一点上，他是无情的，他的聪慧的良知使他能够敏锐地感觉到一切对现实的歪曲。

人们有时说，作为研究者的雅斯贝尔斯主要是批判家。但他在批判方面的成就是与他的创造方面的成就相一致的。概念、观念类型、方法、类型学、规则，这一切都必须被创造出来。这种创造首先并不是发现材料，而是提出新的观察方法、新的标准，这些方法和标准同时又为新的材料的发现和充分的批判提供可能。

他把明白的哲学基础同知识和理解的总的广度统一起来，把直观表达的强度同表达的确切性和对所有纯臆想之物批判的严格性统一起来。在这一方面他不愧是个独特的研究者，这个形象将永远成为

[①] 《普通心理病理学》，第四版，第19页。
[②] 同上书，第二版，前言。

2. 研究者、教师、教育家

楷模。

对于雅斯贝尔斯来说，研究与教学的结合是"大学的崇高的和不可放弃的原则，因为根据观念，只有最好的研究者同时才是出色的教师。"[①]就他自己而言，他尽可能长期地坚持这一原则，他的教学生涯长达四十多年之久。前来求学的大学生数量迅速增长。1914年在举办第一次讲座时，只有38人，1919年已有140人，1922年超过200人，之后仍有显著增加。他喜欢在20至40个学生的较小范围内上讨论课，但此后人数越来越多：1922年的讨论课有71人，1965年有100多人。

研究与教学之间所要求的统一决定了讲座工作的意义和任务。他认为对于作为教师的自己来说，讲座的意义在于直接推动研究工作。他所开设的所有讲座都与他当时正在撰写的某一部著作有关。这样，他能够最大限度地达到内在的关注与灵活，能够拥有一条途径以触及丰富的思想并且轻而易举地自由表达它们。他允许大学生们发挥精神的自主性，使他们参与思维的运动，参与研究的过程。这样，他们便生动地直观到"科学原初的生存状态"。[②]

对他来说，问题主要在于对生动的研究做出示范。因此，他觉得，讲座的"唯一准则就是要认真地对待它……此外便是要放弃一切艺术"。[③]然而他决没有放弃讲座的艺术，而是为自己规定了许多关于讲座技术的座右铭："条理清楚地安排一节课。——切不可把一般性的与原则性的解释放在讲座的开头。——一环扣一环。——尽可能不用术语。——明确的界线。——依次提高、发挥、概括。——在命题式的定理中完成一节课的最精华的内容。"[④]对讲座的这种深思熟虑的安

[①] 《大学的观念》，（引自1961年版）第68页。
[②] 同上书，第69页。
[③] 同上书，第74页。
[④] 遗稿。

三　形象

排应当借助于"简明、扼要而又准确无误的艺术",[①]使听众们自动地追随着思维的运动而运动。为了做到这一点,他在抽象的解释中插入记忆中的一些例子"作为跳板"[②]或者在短时间内变换使用一些生动的语言,"生动感情的表达——然后才是思想性的思辨,不过它本身可以说是感情化的经验。——但这种思辨每次都是如此简短——简短得刚好可以使抽象的思想得到一个立足点。"[③]

在这种摒弃任何感情的矫揉造作以及虚伪的花言巧语的原则指导下,他的讲座创造出一种纯净的气氛,一种对纯净和明晰的冷静追求。在演讲的过程中,他大都凝视着一个想象的坐在所有人后面的听众,这就是说他不看任何人,他与听众的接触是间接的,仅仅通过对问题的共同思考。温和而清晰的声音,尖锐而透辟的措辞,冷静扼要的风格,庄重矜持的形象:这一切造成一种透明的朴实印象,它给人的启示比它所表述出来的更多。

在课堂练习中也贯穿着这样一种严格的朴实性。雅斯贝尔斯在年轻时已经能够严肃地对待各种意见。当有人提出论据对他表示异议时,他便与此人进行讨论,即使在激动中他仍然保持着朴实性和灵活性。在这里他也喜欢展望世界,时常谈及他的同代人(海德格尔、恩斯特·恽格尔和其他人,有一次他解释了卡尔·瓦伦汀的一段对话)或者讨论政治事件。他认为大学的危险是与世隔绝。对他来说,在"现时代到处存在着,并且一再重复着的灾难","就是大学目前必然的状况"。[④]他愿意成为一位最接近现实的大学教师,并且他的任务在于,把全部传统变成当下。大学应当是一个独立于国家的、非政治的场所,但这决不意味着不允许谈论国家和政治。这就是说,在这个场

[①]　遗稿。
[②]　遗稿。
[③]　遗稿。
[④]　遗稿。

所里决不以国家权力的名义、党派的名义来论证某个世界观的、或政治的团体和学说——因为这是只要权力、不要真理的意识形态——，而只能以理性的名义来进行论证，因为理性对于所有的真理、而且仅仅对于真理是开放性的。

讲座和课堂讨论产生了巨大的影响。一些听众这样报道说："讲演者的极端认真精神是无可怀疑的。这给人以非同一般的强烈印象。他看上去十分疲倦但却炯炯有神，就好像他脖子里套着绞索，站在他的掘好的墓前发表讲话"（海尔曼·格罗克纳，约1921年）。[①]——"在所有这一切之中，存在着某种确定的，不可动摇的东西：人们看到的是一位依据真理的人——并且仅仅依据真理"（燕娜·海尔施，二十年代）。[②]——这些讲座"对我来说是关键性的，并且是唯一的与哲学的接触"（汉斯·孔兹，1927年）。[③]"在听完这位大学教师的讲演之后，我们怀着一种从未有过的激动与恐惧走回家去，我们谈论的对象是我们的历史，我们的现时"（格罗·曼，1930年）。[④]——"旧礼堂的每一个角落都挤满了人，鸦雀无声，讲演的纯洁性和开放性产生了无与伦比的权威"（道尔夫·施塔因贝格，1945年）。[⑤]——人们"倾听着他的轻声细语的讲演——尖锐的，几乎是数学般清晰的表达，伴随着北德意志的乡音——注视着这位哲学家的伟大崇高形象，他讲演的从容不迫、侃侃而语，使他宛如一颗恒星一样把众人吸引在他的周围"（弗朗茨·克萨瓦·埃尼，巴塞尔时期）。[⑥]

雅斯贝尔斯了解这种影响和它的危险。他不愿意做一名"传授

[①] 格罗克纳：《海德堡画册》，第54页。
[②] 《开放的区域》，第442页。
[③] 《神经学、心理学中心报》，第64期（1932年），第442页。
[④] 《事业与影响》，第142页。
[⑤] 同上书，第143页。
[⑥] 《索罗图恩报》，1969年3月4日。

三 形象

原则的教师"，①要求人们"追随和顺从他所发现并指明的真理"；不愿意做一名"无所不晓的教师"为一切人解决疑难，不愿意做一名经院哲学教师为人们提供可作为依据的传统知识内容，也不愿意做一名"具有伟大的、可以产生出不可抵御力量的哲学家"。②他愿意"刺激人们，引起人们的注意，使人们产生不安……提出问题，提出困难"，从而提醒人们注意"存在于他在之中的生活"。③他愿意做一名间接传授的教师，做一名苏格拉底式的教师。"学生们渴望把老师变成权威，变成大师，一个苏格拉底式的教师须将此看作是对学生的最大诱骗而加以抵制；他应当引导学生从自身出发返回自身；他应当隐藏在背谬之中，使人无法接近他。"④他爱"他人的自由"，⑤爱他人自我实现的可能性。

在这方面，雅斯贝尔斯的态度极为坚定。只要有人想在他那里学习一门主科，他便加以回绝："我说，一门专业科学是某种实在性的东西。"⑥如果有人尽管如此仍坚持这样做，那么他就得"自己对此负责，并且自己冒风险……。他如何工作以及做什么工作，这是他的事情。"他必须自己选择题目，并且提交"一份完成了的论文"。⑦直到这时雅斯贝尔斯才会对它进行分析。仅此而已。

但问题决不始终停留在"你能做什么"上。紧接着出现的是另一个问题："你是什么？"凡是到他那里去的人都记得这位用心理学方法进行考察的教师的这样几句话。"心理学就会一直疑虑地观察可能隐

---

① 《哲学与世界》，第 376，377 页。
② 遗稿。
③ 《哲学与世界》，第 376，377 页。
④ 《大学的观念》，第 85 页。
⑤ 《哲学与世界》，第 377 页。
⑥ 遗稿。
⑦ 遗稿。

藏在事物后面的人。要问的是：人做这事是为了什么？这事情在人的生存中起着什么作用？"①但这样一种考察不是一种"爱的理解"，②它不可避免地要造成疏远。

谁如果愿意对他的事和他个人负责，那么他就会在雅斯贝尔斯的最后一个问题"你愿意做什么"中找到最大的事物的客观性和自由。雅斯贝尔斯也接受一些"从未听过我课的人的"③论文。他并不期望他的考生"精通我所从事的事情，他们不理解我的观点"。④任何对学习自由的干涉在他看来都是"大学教学的原罪"。⑤谁向他"学习"，他就会立即对此人进行嘲讽并予以拒绝。他不愿意有任何学生。他的许多最有才华的博士学位攻读生（汉娜·阿伦特、泰奥多尔·霍巴赫、库尔特·豪夫曼、德谟特里奥·卡普塔那基斯、格罗·曼、奥托·曼、海因里希·鲍皮茨、本诺·封·维伊等）都不称自己为哲学教师，这使他很高兴。谁要是以他为依靠，那就是误解了他。

他不进行任何说教，而是给人以自由，所以，他是一位无可比拟的教育家。他从未有过成为楷模或权威的要求，甚至于对此的愿望也被他看作是令人堕落的东西；然而他的确是一个楷模、一个权威。他之所以是一个楷模、一个权威，不仅仅是由于他的辞令，而是由于他的为人以及他所教诲的东西。人们体验到，他企望真理，此外别无他求。人们看到，他十分认真地看待科学"坚实的现实性"。⑥人们感受到，他是通过无限的问题和无知的证明来对自己的思维负责。人们从他的自由状态出发提出对自由的要求。从他的认真态度中可以看出，

---

① 《哲学与世界》，第38页。
② 同上书，第127页。
③ 书信，1951年4月2日。
④ 同上。
⑤ 《大学的观念》，第77页。
⑥ 《哲学》，第一卷，第21页。

真正的思维是有生命的思维。

在他提出来的自由中,有某些难以接受的不近常理的成分。这种自由也是一种"不讲科学"①的自由。所以,雅斯贝尔斯不是一个正面意义上的教育家。他不干涉、不塑造、不强施影响。他只是启发,当人们想受教育时,他不是作为一个给人以帮助的教育家出现,而是作为一个保证人,向人们保证,教育是可能的,并且指出这种教育的开端是:"不要追随我,要追随你自己!"②

3. 著述家

雅斯贝尔斯发表他的著述的时间长达六十年之久。他的第一篇著述《思乡与犯罪》发表于1909年,他的最后一部著述《论同性恋的有罪性》发表于1969年。他仅有两次较长时间地中断了出版自己的著作:一次是他于1923年至1931年期间有意识地这样做的;另一次则是1938年至1945年期间纳粹政府迫使他这样做的。在六十年的岁月中他发表了三十多部著作,共约一万二千页。遗稿有三万五千页,还包括几千封信。

这些年,雅斯贝尔斯一直勤于创作。他的写作非常迅速。《普通心理病理学》的修订稿他只用了一年时间便写成,并且同时在其中增加了许多新的资料。《哲学引论》是在三个星期内完成的。由于"巧妙地分配力量和小心翼翼的健身术",③他能够把这种速度一直保持到晚年。他最后的作品"答复"也是在几个月之内写成的。但他从未给人以仓促的印象。他有许多时间可以"梦想",并且赋予它们以

---

① 《大学的观念》,第86页。
② 《哲学与世界》,第439页。
③ 书信,1953年5月22日。

重大的意义。

他的创作以几条简单的准则为基础,他有时把它们当作忠告劝诫一些青年人:"始终想着事情。——必须对这事情着迷。——不局促——不应当有任何勉强。——我不写任何规范著作。可以说我正在穿越一片沟坎交错的地区。当我面临一条沟渠时,我不寻找桥梁。我放上一块木板,然后从上面迈过去。就这样向前走。"①

在青年时,他有时就将他的手稿"付印,不誊写,只作略微的修改"。②后来就逐渐形成了这样的写作方式。后期的所有著作都是以这种方式写成的。他以一些大都是在过去的年岁中收集的笔记为基础,进行扩充、归类、构思,直到它们逐渐形成"一块区域",然后形象地想象它们,直到它们每一具体部分的结构都明确为止。于是从这些东西本身中产生出一个自然有机的总体结构,他把它当作一个包含所有层次的内容目录,然后便开始动笔。同时,对他来说极为重要的是,并不在写作之前就周密地考虑这部书的所有细节,不是把这部书"记下来",而是一边写作一边思索。如果写了一小部分,他就将它交给妻子,由她将这些常常很难辨认的、流畅的手稿在打字机上打出来。当他不得不在工作沙发上休息一下以消除工作的劳累时,他就在那里重新拿起已打好的部分来看。在继续写作的过程中,他常常对这些打好的部分进行彻底的改写,常常重新表述或进行删减、重新剪接。当他仍在继续写作第一稿时,第二稿就已经产生了,但在第一稿完成之前,他并不急于写第二稿。然后雅斯贝尔斯夫人再重新打印,他对这些打字稿再次进行认真地加工并且大多数是再打第三稿。然后,他对这一稿做最后的润色。"阅读一遍,以便确定是否还有可以删去的话,哪怕是一个字。任何多余的东西,即使它本身是出色的,

---

① 对话录。
② 《哲学与世界》,第8页。

也必须除去。"① 应当产生的是这样一篇文字,它能够"达到简洁性、方法上的明晰性、句子的连贯性和充实性"的要求,它"没有那些会使读者绊跌的洞穴和缺口,并且没有那种语句冗长、夹杂废语、漫无边际的虚浮作风"。② "所以我把力气花费在语句上,花费在语句的顺序上、段落、总体的结构乃至很小的句组方面。"③

这种写作在最大程度上提供了作者独立于他的作品的可能性。他不愿意做自己的语词和思想的俘虏。他从一个活动的中心出发不断地统观整体并且用这个整体来衡量所有具体的部分。在与作品保持一定距离的状态下,所有的方法都出现在他的意识之中。他竭力去把握住这些方法的真髓。

在写作中,对他的帮助和批评是不可缺少的。一生中与他最努力地合作的,是他的妻子。除了所有技术方面的帮助之外,她还进行批评性的帮助。在这一方面她是"不让步的"。④ "在我们的一生中她始终无情地注视着我的能力和知识方面的缺陷。……她对我的成就几乎从未感到满意过。"⑤ 她在抄本上加上说明、问题、修改意见。有时她写下一整封信。"我在抄本中发现她的信,它们常常是热情的评语、问题、诧异和指责。中断工作并且立刻对此进行讨论,这是不允许的。"⑥ 另一方面,她对雅斯贝尔斯的创作也发挥了影响。但是她的影响并不是与他一起确定作品的方法,而是"通过一些基础性的工作和恳求"⑦ 表现出来。她常常有一些明细的见解,尽管她自己无法用推理

---

① 遗稿。
② 《哲学》,第一卷,第 LI 页。
③ 同上。
④ 遗稿。
⑤ 遗稿。
⑥ 遗稿。
⑦ 遗稿。

性的思维把握它们。在雅斯贝尔斯的书中常常有一些对她的话的思考和一些与她的谈话。

除她之外，早年，恩斯特·迈耶常常提供批评性的帮助，晚年一些朋友和助手有时给予这种帮助。在写作之前，他们收集材料；在写作结束时则要将打印好的手稿再流利地读一遍。雅斯贝尔斯要求他们在阅读过程中注意任何多余的词，任何意外的转折，任何停滞。他希望最终得到的是一篇简洁、然而流畅的文字，"清晰、透彻、深沉，就像高山上的一泓湖水。"①

雅斯贝尔斯的著述与语言有一种朴素关系，它不以写作为目的，因而他的著作充满了活力。对他来说，思维应当是对自身、对某个事物的思维，而不应考虑语言。"在对事物的思考中，我信任语言，它自己会出现，而不需要我去考虑它，——语言只有当我们不直接需要它时，才是真正的语言。"②它只有在具有随意性时，才是真实的语言。"最有力的、最真实的、最不虚假的语言是随意性的语言，当我们完全是我们自己并且完全停留在事物上时，它才会产生。"③这种语言摆脱了所有矫揉造作的臆造，并且尽可能地摆脱了词句的修饰。哲学的语言是一般语言，它不是对思维的别出心裁的表述，而是从原意上表述思维。"思维的高度自由在于通过对句子的组合，言简意赅地表述新思想。"④"新的词汇会使哲学读者误入歧途"，⑤亦即离开思想而转向语言。这样，语言本身便成为客体；但它不应成为客体，因为作为客体"它是说话的艺术，这门艺术是当作语言风格而得以传播

---

① 对话录。
② 《真理论》，第439页。
③ 同上。
④ 同上。
⑤ 《哲学》，第一卷，第335页。

三　形象

的"，①"是诸种语言成分拼凑而成的语言"。② 语言不是"存在的寓所"（海德格尔），而是媒介，它只有在存在中、在事实中才能逐渐显示出自己的特征。"我几乎可以反过来说，哪里有语言，哪里就还没有或不再有存在本身。"③ 但是说它仅仅是一个媒介，这并非指，"思维在与语言分离的情况下可以支配语言。思维是语言中的思维。"由于这里的二也是一，因此，对思维的关注始终也是对语言的关注。当人们随意说话，而不对分离的语言进行反思时，思维与语言的统一也就形成了，这种统一性被海因里希·克莱斯特称之为是在精神这根轴上的两只平行的轮子："这样语言便不是一种束缚精神之轮的制动器，而是一种与精神平行的，在它的轴上转动的第二个轮子。"④ 雅斯贝尔斯的语言是一种以思维、说话以及以哲学交谈为目的的语言。所以他所写的几乎全部是他所说的。

因此，可以把他的语言特征理解为：打上了思维和谈话烙印的语言。为了使语言明确，他常常违反语法规则，把主语和谓语、系词和表语、动词和宾语紧靠在一起；为了使语言简练，他常常把副句压缩成一个分词；为了使语言感人，他特别喜欢使用人称代词；为了使语言确切、简单，他宁可用简短的主句，或者多层次的排比句，而不喜欢用套装句和长句子。对于他的哲学思维来说，语言的危险在于它的不容争辩性。为了使它不带有强制性，他常常运用反论，即用反题的确定性来抵消原有的确定性。这不是那种易于接受的两段式或三段式的辩证法，而是一种精细思想的活的辩证法，这些思想相互对立，相

---

① 《哲学》，第一卷，第335页。
② 同上。
③ 书信，1949年8月6日。
④ 克莱斯特：《论谈话时思想的逐渐形成》，载《事业》，慕尼黑，1964年，第二卷，第322页。

互质疑。"事实上我们是通过摧毁已有的建造物来进行建造的。"[①] 因此，原先切近事实的散文体便失去了它的事实性，而明晰地指向一个不可言状的他物。所以它是一种确切的，审慎的散文体，它不诱导、不强迫，而是进行交谈，启发，并借助于它的明晰性而具有某种诗的意境。

雅斯贝尔斯的写作并不轻松。早在中学时代他写作文就很吃力。上大学时他仍然抱怨："我不是德语文体方面的能手……"[②] 在抒情诗方面的某些尝试证明了他的说法。也许是因为在审美方面的愚钝，但主要是因为对美学的怀疑，他的语言中有一些非艺术的，常常是反艺术的成分。"frisia non cantat"。[③] 对他来说，语言中的"美"就是所述内容的"真"和"善"。

尽管如此，他的文体中有许多东西值得做一番文学的研究。雅斯贝尔斯很早就有意识地练习现象学的描述。他终于出色地掌握了它。对此的证明主要有他对自己疾病史的描述，他对心理的状态和体验的描述，或是对社会的瞬间印象的描述，以及偶尔进行对自然的描述，例如他描述过行军过程的气氛、情景。[④]

完全另一种意义上的文学成就是他完美的构思：这是一门在具体的范式中直观本质的艺术。如在《时代的精神状况》一书中对现代诡辩论者的描写便是这方面的一个范例。[⑤]

还有另一类成就，这便是他的短句。它们并不是那种直接阐明

[①]《哲学》，第一卷，第 LII 页。
[②] 书信，1901 年 4 月 25 日。
[③]《命运与意志》，第 46 页。（"Frisia non cantat"（佛里斯兰人不唱歌）是古罗马历史学家塔西陀（Tacitus，约公元 58-120 年）对日耳曼人部落佛里斯兰人的生活方式的描述。后来被引申为：日耳曼人不懂艺术，或德国人没文化。——译者）
[④] 同上书，第 73 页。
[⑤]《时代的精神状况》，第 168，169 页。

三 形象

一个真理而恰恰因此遮掩了其它真理的格言。相反，它们好像是附带地随便说出来的，但全部的哲学都凝聚在这寥寥的数言之中。"上帝在，这就够了。"①——"真理是将我们联系在一起的东西。"②——"人的存在就是人的生成。"③——"如果我仅仅是我自己，我便必然会荒芜。"④——"我可以离开我自己。"⑤——"在我的自由中，我被奉献给我。"⑥——"我们活着，这便是我们的罪过。"⑦——"存在就是对存在的原初的抉择。"⑧

这些句子中的每一个，如果单独地看，当然会引起误解。但是在哲学联系中来理解，它们则以最简洁的方式涉及到一个深刻的真理。另一方面他澄明生存的许多思想具有重要的意义。生存是缄默的。在一件事物的意义中并没"有"生存的图式。雅斯贝尔斯是从他自己的生存经验中构造出这个图式来的。所以，人们也许会把对生存的说明看作是一种作家的心理传记的形式。但这种看法并不完全正确。对生存的说明作为心理学是对生存的描述，作为哲学则是对生存的虚构。雅斯贝尔斯意识到了这一点。"以为搞哲学的人提供了一幅他自己的肖像，这是一种常见的误解；不，他是在做诗，以便理解自己，以便照亮他的道路。"⑨

他的哲学散文的这种诗性角度几乎尚未被人发现。不应忘记，雅斯贝尔斯着魔般地追求着实在，他深恶痛绝所有粗制滥造的文字以及

---

① 《哲学引论》，第 38 页。
② 《面对天启的哲学信仰》，第 150 页。
③ 《哲学引论》，第 72 页。
④ 《哲学》，第二卷，第 56 页。
⑤ 《面对天启的哲学信仰》，第 35 页。
⑥ 同上书，第 355 页。
⑦ 《希望与忧虑》，第 32 页。
⑧ 《哲学》，第一卷，第 15，16 页。
⑨ 遗稿。

仅仅是精神的精神，他始终把他的思维看作是一种游戏形式，它在想象和梦幻中寻找着通向真理的道路。"从青年时起，……每当有人称我是一个梦想家，我都乐于把它当作一种赞誉……。痛苦的是，我梦想得太少。想象正是一条通向最深刻的真理和现实的道路……"①

4. 同时代人

雅斯贝尔斯一生与同时代人始终处于一种特殊的紧张状态中。一方面，他从青年时代起就感到欣慰的是，"人类……并不仅仅由我们同时代人所代表。"②他的讲学活动和哲学著述的座右铭中有这样一句话："不引证同时代人的思想。"③他常说："伟人不在我们之中。"他觉得，面对过去时代真正的伟大人物和他们的著作，几乎不值得去仔细研究同代人。"我们这几代人中没有天才，没有代表人物。"④

另一方面，他一生都在寻求精神的斗争，寻求对手给他带来的震动。因而，他也认为，"同时代人具有优先权，这并不一定是由于他们的重要性，而是因为他们能给我们带来震动。"⑤因此，雅斯贝尔斯从青年时代起又与同时代人交往甚多。

这里，我们仅仅介绍与雅斯贝尔斯有重要关系的一些人物，并按其专业把他们分为几类。

在心理病理学中，雅斯贝尔斯主要与两个流派进行斗争：此在分析学和精神分析学。

在雅斯贝尔斯看来，所有心理病理学都可归结为一种哲学的基

---

① 书信，1940年8月10日。
② 书信，1903年11月5日。
③ 遗稿。
④ 遗稿。
⑤ 遗稿。

本态度。但是哲学立场仅仅提供并划定范围，在这个范围以内，研究有它自己的自由。就事实看来，他把哲学置于心理病理学之外。他认为，在心理病理学的研究中不允许有思辨。

他看到了，此在分析家们（宾斯旺格、施道尔希、格布沙特、博斯）在心理病理学中吸收了解释生存的方法和其它实际内容。他们先规定了心理的基础结构并且将心理病理学的各种表现形态理解为这个结构的变形，理解为改变了的此在形态，这样，他们就做了两件事：在研究中运用了思辨哲学并且模糊了疾病的概念。他承认此在分析学是一种描述方法；但他指责说，"哲学向研究对象之中的渗透"意味着研究本身的"毁灭"。①

当这个学派的创始人路德维希·宾斯旺格早年还是心理分析的追随者时，就已经对雅斯贝尔斯进行了激烈的攻击，指责他运用一些缺乏独创性的方法论概念，不必要地过早放弃了理解，此外，"在性的问题上，他几乎是个瞎子"。②"他或者是不能看，或者是不愿意看……"③随后，他收回了他的尖刻攻击。他最后写了一篇最为出色和最为重要的论文为心理诊疗学家雅斯贝尔斯辩护。雅斯贝尔斯不无怀疑地读了这篇文章。他早年就多疑，以后也是如此，所以他在口头表述中常常会迅速地做出拒绝性的判断。

他与心理分析派的分歧更激烈。这里必须把雅斯贝尔斯与这个学派的斗争和他对西格蒙特·弗洛伊德的批判区分开来，而在这个批判之中又应区分：第一是对心理病理学家弗洛伊德的求实的批判；第二是对理解心理病学家弗洛伊德本人的批判；第三是那种"出于憎恨而同始终具有强有力思想的、作为无可比拟的伟大哲学家的弗洛伊德所

---

① "答复"，第 808 页。
② 宾斯旺格："关于雅斯贝尔斯工作的说明：因果的和'可理解的'联系……"，载《医学精神分析国际杂志》，第 1 期，1913 年，第 388，389 页。
③ 同上，第 390 页。

展开的论战"。①

雅斯贝尔斯是德国最早的临床心理诊疗学家之一，他既不是一个"弗洛伊德主义者"，也不是一个"反弗洛伊德主义者"，②他之所以致力于批判弗洛伊德的研究，仅仅是"因为这个学说的内容极为有趣"。③同时他称赞说，一位心理病学家"勇敢地做了心理学理解的新尝试"，④他成功地"以令人信服的方式"指出了"许多可理解的有关事物"，⑤并且深入到了"不被人注意的心灵生活的深处"。⑥正如欧根·布洛勒尔以批判的方式丰富了这些认识那样，他也以批判的方式看到心理诊疗学的真实进步。但他觉得，弗洛伊德有一些原则性的错误：即混淆了未被注意到的东西；混淆了理解和说明；要求（尽管尚未表达出来）"漫无界限的可理解性"，⑦以及将一个狭小范围内有效事物普遍化，从而构成一种理论。特别使他不满的是，弗洛伊德只把眼光狭隘地集中在"广义的性欲"⑧上，他的理解"尤其粗野"，⑨他的思维"有限而受束缚"，⑩以及由此造成他对人的认识的贫乏。所有这些已经是对弗洛伊德本人的指责了。他虽然尊重他的"高尚的矜持人格"，⑪尊重他不去"奢谈世界观"，⑫尊重他放弃任何预言，但他仍然批评弗洛伊德逃避了对他本人的梦的分析，他缺乏把自己公之于众的

---

① 遗稿。
② 《心理病理学文集》，第337页。
③ 同上。
④ 《普通心理病理学》，第二版，第291页。
⑤ 《心理病理学文集》，第337页。
⑥ 同上。
⑦ 同上。
⑧ 同上。
⑨ 《普通心理病理学》，第二版，第291页。
⑩ 同上。
⑪ 同上书，第二版，第293页。
⑫ 同上。

勇气。

尽管在这位研究者的个性中有这些缺陷，但由于他的学术态度极为严谨，这些缺陷在他的学说中在很大程度上始终不那么明显。然而雅斯贝尔斯认为，在弗洛伊德的学生荣格、费伦奇那里，仍可发现这些缺陷，即：一种对偏执、强制、异端邪说、"心理学的神话学"[①]的嗜好，偏爱将研究作为世界观，偏爱科学迷信。他越来越感到这种嗜好和偏爱已经在心理分析的原则中根深蒂固了。所以雅斯贝尔斯决定，在承认它的个别科学见解和治疗的结果的同时对它进行彻底的拒斥；"这里从一开始就隐藏着一个魔鬼，因此只有全盘否定才对……。所以我认为，所有踏上这条道路的医生，如果他们最终没有从已有的、与他们的人格相适宜的材料中获得洞察力，那么他们就一事无成。"[②] 这种彻底的拒斥的本意是使对方摆脱某种过激性，但有时本身却带有极端的成分，这便是这个批判的不自觉的和无意的后果。

雅斯贝尔斯总是在为自己树敌，他年轻时的敌人到他年迈时又成为不同性质的敌人。他清楚地看到，他的敌意来自一种冲动，这种冲动包含在他哲学思维的冲动之中。现在他在弗洛伊德身上发现了一种强有力的精神人格、一种出自模糊的哲学信仰的生存。他为自己设想了一个哲学敌手，并在观念类型上将他虚构成生存阐明的现代劲敌之一。他所进行的斗争并不都是公正的，但在他的无情中，在他的憎恨中流露出某种对这个人物的敬重，尽管不是一种积极的颂扬。雅斯贝尔斯年迈时曾有一次指给我看一张弗洛伊德的相片，他问道："您知道，他像谁吗？——马克斯·韦伯！——他是一个人物，因此是一个必须与之打交道的敌人。"

而弗洛伊德呢？似乎他不太注意雅斯贝尔斯。在他生前，有时宾

---

① 《哲学与世界》，第 199 页。
② 书信，1953 年 8 月 8 日。

斯旺格在他的同意之下进行论战。当第一次大战后心理分析逐渐在德国获得强大地位时，有几个心理分析家，如米切利希、普菲斯特、舒尔茨－亨克起而为弗洛伊德辩护，但他们也采用了恶意中伤的方法，人们不得不对这种方法表示怀疑。我们不去研究他们的这种论战方式和指责。实际上，对这场论战的研究会有助于对它的理解，然而至今还没有人进行这方面的研究。这一方面是因为，心理诊疗学中诸阵营和诸学派所说的语言不同，他们生活于其中的世界不同，因此，人们总是预先决定要进行比较研究；另一方面是因为，哲学家弗洛伊德尚未被发现，而且哲学家雅斯贝尔斯尚未被认识。

纵观雅斯贝尔斯对同时代心理诊疗学家的影响，人们尽管发现有许多重要的研究者曾经受到他的影响，但只有少数几个继续坚持他的事业。在他们中间，是否有一个人坚持了他思想的丰富性并能够将这种丰富性与视野的广度和具体观察的深度相结合，这个问题也许得由专家们来评判。

雅斯贝尔斯与同时代哲学家们的关系是很奇特的。也许他一生中只找到一个与他合拍的思想家：恩斯特·迈耶。迈耶尽管在个别问题上对他进行过尖刻的批判，但他和雅斯贝尔斯的关系在原则上又太近了。他虽然感谢迈耶在谈话和书信中给他以鼓励，促使他将他的文体规范化，并且还有一些表达方式的改善也应归功于迈耶——他一生都在指出迈耶的这些功绩——，但是，迈耶几乎从未在基本原则上对雅斯贝尔斯本人提出疑问，而雅斯贝尔斯认为。这类置疑较之于赞扬要更有推动力，虽然他离不开赞扬给他带来的温暖，对他来说，只有两个同时代人是哲学的楷模：在年轻时唯有马克斯·韦伯，以后还有阿尔伯特·爱因斯坦。当然他了解这两个人，知道他们不想当哲学家，而只想当尽可能纯粹的科学家。尽管他们关于哲学说得很少，但雅斯贝尔斯不认为他们不是哲学家。此外，在他看来，这两个人的著作无疑指明了未来哲学的方向。马克斯·韦伯奠定了纯粹的人文科学

三 形象

工作方法的基础,爱因斯坦奠定了完全受规律所支配的新世界观的基础。纯科学对于雅斯贝尔斯来说是真正哲学的前提,因此,在缺乏伟大的、本来意义上的哲学家的情况下,他有意识地提出挑衅,要求科学中最伟大的代表人物为新哲学奠定基础:"所以现代世界的特征也许在于,最出色的哲学家并不总是'哲学家',而是一些非凡的专业科学家。"① 韦伯与爱因斯坦都没有对这种对科学家异常的敬意表示反对。与雅斯贝尔斯本人并不认识的爱因斯坦最终把他看作是一位可爱的梦想家;马克斯·韦伯把他看作是一个正直的人,一位天才的心理学家,对于雅斯贝尔斯对他的崇敬,他和许多人一样,"微笑着"加以谢绝,然而实际上却乐意接受。②

雅斯贝尔斯听到有人提出哲学是科学这种说法时,他的反应则完全不同。这种情况第一次明显地表现在对待胡塞尔的问题上。对胡塞尔的《哲学作为严格的科学》(1910年),雅斯贝尔斯是"带着反感"③ 阅读的。这篇文章反而"使他明白了",④ 哲学不是严格的科学。他认为,他"理解了,这里很明显已达到了这样一个地步:在这里,由于要求哲学是一门严格的科学,所以,哲学一词的崇高意义被取消了。就胡塞尔是一位哲学教授而言,我觉得他是最天真地和最彻底地背叛了哲学。"⑤ 雅斯贝尔斯后来没有再认真读过这一论著,所以也没有纠正过他年轻时的这个幼稚的评价。而胡塞尔却赞扬这位现象学的心理诊疗学家,也读过这位哲学家的心理学著作;如果他了解了雅斯贝尔斯的话,也许他那种欢悦之情会消失殆尽。

雅斯贝尔斯发现,他作为哲学家自己现在不愿意做、而且将来

---

① 《哲学与世界》,第1页。
② 韦伯:《马克斯·韦伯:一幅生活画面》,图宾根,1962年,第377页。
③ 《哲学》,第一卷,第XVVII页。
④ 同上。
⑤ 同上。

也不愿意做的事情，全都在西南德意志学派那里，尤其是在李凯尔特那里完成了。李凯尔特在年轻时就亲身感受到了相对主义的无根基性，他体会到这种无根基性是一种危机。他想避开这个危机，于是他要在一个理性主义外壳中，在学派中，在体系中寻找立足点。雅斯贝尔斯感兴趣的并不是李凯尔特在他的理性主义内部所做的思考是否熟练、纯粹——他承认李凯尔特做到了这一点——，而是从他纯粹理性的，哪怕是达到了炉火纯青地步的思维中必然会产生些什么结果。对此他在《世界观的心理学》中的许多地方做了阐述，但没有提及李凯尔特。[1] 李凯尔特曾以一种矛盾的心情对这部书进行了详尽的批判，其原因之一可能就在于，他感到自己在这部书中被视为对立面。无论如何，他一定觉察出，雅斯贝尔斯是如何看待他的，即把他看作这样的一个思想家：他不再涉及人生；他为事物规定理性的秩序；他不再有活力；由于他追求可恶的一般性、空泛冷漠的、计算性的僵死的思维，寻求一种层次分明的"五斗橱哲学"，[2] 所以他随着他自身的理性逐渐萎缩而告终。李凯尔特后来杜撰出那种"理论的人"的怪物，并认为所有哲学都依赖于他，这时雅斯贝尔斯认为，李凯尔特已经达到了完全可笑的地步。毫无疑问，这种尖刻的指责含有一种年轻人的狂妄，也许还隐含着当时实际知识的缺乏；但同样无可怀疑的是，它却涉及到了某些根本性的东西。尽管如此，对雅斯贝尔斯来说，李凯尔特并不是一个无足轻重的人物，而是那些作为对立形象而促使他意识到自己是一位哲学家的思想家之一。此外，雅斯贝尔斯对整个西南德意志学派都断然否定，唯有文德尔班是例外，雅斯贝尔斯把他看作大哲学家，这种崇敬几乎使两人和解。西南德意志学派对雅斯贝尔斯的攻击进行了同样程度的反击，其中有几个当时的代表人物甚至超出了

---

[1] 《哲学与世界》，第 71，72，73 页，第 304，305，306 页。
[2] 李凯尔特:《生命哲学》，图宾根，1920 年，第 145 页。

三　形象

这个程度。

雅斯贝尔斯与各种形式的新实证主义的关系是很淡薄的。雅斯贝尔斯只读了很少一些石里克、卡尔纳普以及汉斯·莱欣巴赫的著作。他觉得，他们的思维已不再是哲学并且无法进行研究。"所以我把这种以优美的空泛性和科学形式出现的思路看作是一种智力游戏。"① 他认为，可以隐约地感觉到在他们的客观性后面有某种"偏激的、甚至是咄咄逼人的气氛，它并不说明这些思想家的内在境界的高尚素质"。② 他认为，把理性缩小为知性将会导致一种经院哲学的牵强附会，并且同时放弃了所有至关重要的存在。

雅斯贝尔斯认为，这个学派的伟大人物：怀特海、罗素和维特根斯坦的特点恰恰在于，尽管他们的著作奠定了新实证主义的基础，但他们并没有深入任何一种新实证主义的形式。他之所以称赞怀特海是因为怀特海明确地表述了形而上学的意义。至于罗素，尽管雅斯贝尔斯常常对他用数学方式来解决一切问题的意愿感到不满，但却钦佩他的无畏的正直。他把维特根斯坦置于这两人之上，把他称为"一个在方式方法上独一无二的人物"。③ 维特根斯坦闭口不谈他是什么，以及他的思维原则是什么；他极其鲜明地指明了他所省略的部分，对此保持沉默，但却在一生中都运用它，这些使他在雅斯贝尔斯的心目中成为一个神秘的形象，成为一个形而上学圈子里的熟知形而上学重要性的伟大沉默者。"这种沉默是他的吸引力所在，同样也吸引着我。"④

各种新实证主义派别大概对雅斯贝尔斯都不予以重视（他在年轻时期的著作除外）。对它们来说，他是一个考虑假问题的思想家，一个"过时的"形象。雅斯贝尔斯发现，这些新实证主义者在公开的教

---

① 《煽动》，第18页。
② 同上书，第19页。
③ 同上。
④ 同上书，第21页。

学活动中的影响最终还是超过了他。

最后一次，他是在他的巴塞尔前辈保尔·荷柏林那里发现了这种情况。1913年雅斯贝尔斯就结识了荷柏林。他惊讶地注视着荷柏林的哲学体系，认为这是一个时代错误，但却没有与荷柏林讨论过这个问题。也正因为这样，他们才有可能彼此在适当的距离中和睦地相处下去。

他也否定那样一些思想家，他们尽管得出结论说哲学不是科学，但是他们同时却又抛弃了作为哲学基础的科学，并且冒然跻身于预言家的行列。年轻时，雅斯贝尔斯就通过交谈，以及通过阅读了解了马丁·布伯。他感到布伯的宗教气氛太浓。有时特奥多尔·莱辛给雅斯贝尔斯寄一些自己的著述，并题词"献给尊敬的志同道合者"（1921年）。但他想错了，因为雅斯贝尔斯并不把他看作自己的志同道合者。战后（1945年）凯塞林也成为他所批评的这类思想家之一。他的近乎疯狂的傲慢使雅斯贝尔斯感到厌恶。

年轻时，雅斯贝尔斯把布洛赫和卢卡奇理解为唯灵论的信徒。他远远地注视着他们的生活道路，但从不仔细地研究他们的著作。

布洛赫在一篇哲学书评中把雅斯贝尔斯称为一位"后期市民"（Spätbürger），[1] 后来又称为"亲法西斯主义的虚无主义者"。[2] 尽管怀有所有这些敌意，他大概从未完全忘记，他们之间除了在结论的分歧之外，还存在着意向上的某种相似之处，无论如何他曾这样说过。而雅斯贝尔斯却不这样看。对布洛赫的写作风格和思维风格以及他有一次对斯大林主义的承认，雅斯贝尔斯一直耿耿于怀。他们的私人关系尽管变化不定，但彼此似乎还能相互谅解。

---

[1] 布洛赫："对生命的存在解释和象征观察"，载《当代的遗产》，苏黎世，1935年，第224，225页。

[2] 布洛赫：《希望原则》，美茵河的法兰克福，1959年，第1366页。

与卢卡奇的斗争更激烈。雅斯贝尔斯在离开海德堡之后曾读过卢卡奇的一些著作。后来如报道的那样,两人在二次大战后于日内瓦举行的第一届世界哲学大会上成为论战的对手。在对历史考察的问题上和在个人与社会的关系问题上,他们发生了剧烈的冲突。如果读一下当时的会议记录,人们会觉得,大概是由于当时卢卡奇在很大程度上放弃了马克思主义的术语,所以除了基本的分歧之外,两人之间还存在着不少共同的地方。但卢卡奇通过他的著作《理性的毁灭》消除了这种幻想。在这部书中,海德格尔和雅斯贝尔斯是作为"寄生的主观主义"①的代表被归入前期法西斯主义的意识形态。论述雅斯贝尔斯的整个部分很少顾及他的著作和他本人的事实情况。雅斯贝尔斯在阅读这部书时做了摘记。使他恼火的并不是咒骂本身——他知道,常常有许多人不无类似地把他的思想批判为法西斯的意识形态,——使他恼火的是像卢卡奇这样一个本来富有才华的、具有分析能力的人竟会以这样可笑的方式把他看作是一个被毁灭了的理性的例证。"他如此轻蔑地咒骂的东西……恰恰是他自己正在干的事情,这是他的本性,显然是完全欠考虑的……。过去曾有过……深邃的思想,现在则完全平庸无奇。——……偶尔还会出现精神的闪光……"②

卢卡奇也许后来部分地修正了他的评价。至少,在读过雅斯贝尔斯发表的"联邦共和国向何处去?"一文之后,他愿意把雅斯贝尔斯看作是"同盟者"。③

尽管如此,这个称呼并没有得到雅斯贝尔斯的附和。

这里还须提一下另一个人对雅斯贝尔斯的攻击。这个攻击虽然与上面的攻击相类似,但却有独到之处。这便是瓦·阿多尔诺的语言

---

① 卢卡奇:《理性的毁灭》,柏林,1954年,第389,390页。
② 遗稿。
③ 《与卢卡奇的谈话录》,由平库斯出版。莱茵贝克,1967年,第75页。

分析"真正的行话"。但我不知道，雅斯贝尔斯是否读过这部书。阿多尔诺的其它著作，他是知道的。两人很晚才有接触并且仅仅是非正式的接触。此外，雅斯贝尔斯只是粗略地了解了一下整个法兰克福学派，仅仅对卡尔·曼海姆的了解较为深入。

对于雅斯贝尔斯的哲学创作来说，比较重要的同代人是产生于所有形形色色的生命哲学领域中的思想家。在年轻时，雅斯贝尔斯就相当多地阅读了亨利·柏格森的著述。通过私人交谈和对其著作的阅读，他也相当了解了舍勒。"他是个人物，必须将他的敏锐和他的才智……当作如今某种无可替代的东西加以尊重……。但是他并不是一道曾照亮过我道路的光束……"[1]

舍勒则把雅斯贝尔斯尊崇为心理病理学家和一门世界观学说的创始人之一。雅斯贝尔斯对西美尔更抱有直接好感，西美尔的著作对他来说是非常重要的。雅斯贝尔斯在年轻时对克拉格斯怀有敬畏之心。尽管后来他认为克拉格斯的思维是一条歧途，但这种敬畏之心仍然保持着。恩斯特·恽格尔曾使他感到惊愕。他将这位"工人"看作是一个真正的新人，尽管是个可怕的神话人物。雅斯贝尔斯曾在三十年代初一次专题报告会上讨论过他的著作。当时他认为恽格尔是一个"最出色的德语著述家"，[2] 但又是一个值得尊重的对手，他虽然赞叹他的思维能力，但却怀疑地注视着他生存的特征："坦率的态度，对一切存在着的和发生着的事物的冷漠旁观，无目的的主动性，对观察耸人听闻事件的爱好，从美感出发对可随意更换的传统因素的收集，以及最主要的是对语言本身的兴趣，这一切在他身上形成了一种气质。"[3] "这种思维实际上把握不到任何真实的东西。"[4] 对阿尔伯特·施

---

[1] 书信，1928年6月4日。
[2] 遗稿。
[3] 遗稿。
[4] 《论历史的起源与目的》，第353页。

韦泽，他怀有一种淡淡的敬意。他并没有看到施韦泽的主要著作所指出的方向。

雅斯贝尔斯认为，在生存哲学和它的各个派别中，很少有共同之处，即使有共同之处，那也仅仅表现在：对"生存"这一概念的思考和在最广泛意义上对人的存在的思考，它导致对"科学的哲学的突破"，并导致了"对一种至关紧要的，然而却又未被任何人了解的问题的把握"。[1] 如果说生存主义的这种哲学研究只是一种风靡一时的思潮，那么他和海德格尔一样，从未加入过这一思潮，并且他们也再三地声明了这一点。他对于整个生存主义运动了解甚少。对于意大利的生存主义，包括阿巴格南农，他只有一些间接的了解。在法国人中，他只读了少数几本马塞尔的著述，但并不感到与他有相近之处；他还读过少许梅洛-庞蒂（他也从交谈中了解了这两个人）以及阿尔贝·加缪的著述。他了解较多的是让·华尔，华尔第一个把雅斯贝尔斯思想介绍给法国。真正激动他的只有让-保罗·萨特。他在萨特那里发现了他的思想原则的对立面，即那种最极端的企图：把人置于虚无之中并且把人解释为从无到有的自我创造。从哲学和客观科学的意义上，他把这个思想看作是不真实的——因为人从来不会是既非生物的，又非社会的和非形而上学的，而仅仅是由自身构成和由自身创造的。但是他把这种思想看作是一种"通过虚无主义自身绝望的勇气"[2]来克服虚无主义的尝试，认为这种做法在主观上是诚实的。在晚年，他读了萨特的《语词》，他认为他在这本书中重新发现了萨特全部的极端矛盾性：既否认未来的可靠性，同时又第一次描述了这种可靠性。萨特则时常指出雅斯贝尔斯给他带来的振奋，但却认为雅斯贝尔斯的非时间性的超越的思想不真实、不重要。

---

[1] 《去神化问题》，第13页。

[2] 遗稿。

在德国的生存哲学中，雅斯贝尔斯长期以来与恩斯特·迈耶、海德格尔和海因里希·巴尔特有着较密切的接触。他与恩斯特·迈耶虽然进行了深入的讨论，但在迈耶的著作发表之后，他几乎从未读过它们，他与他的巴塞尔大学同事海因里希·巴尔特的关系与此相类似。雅斯贝尔斯时常和他进行交谈，不时有书信往来，阅读一些他的著作；然而当他的主要著作《生存的认识》、一部对后期基督教生存哲学的总结发表之后，雅斯贝尔斯却从未去研究过它。只有与海德格尔彼此的商榷讨论持续了一生之久，尽管这些讨论很少是公开的。"在我们这个时代的德国哲学教授中，只有一个人引起我的兴趣：海德格尔。"[①]

海德格尔从未与雅斯贝尔斯举行公开论战。也许《世界观的心理学》对海德格尔的思想发展有一定的影响。这部书可能在临界境况上对海德格尔的存在论的展开起到过思想上的推动作用。诚然，这只能理解为：通过这部书，海德格尔更清楚地理解到，哪些是他自己不要的东西。当时他批评雅斯贝尔斯虽然看到了从未被人看到过的生存现象，但是在对它进行发掘时却没有在总体考察的方法中找到适当的工具，这一批判对雅斯贝尔斯本人有过影响并促使他去寻找澄明生存的方法。海德格尔后期的言论只是一些提示而已。人们不知道，他对雅斯贝尔斯思想看法究竟如何。

雅斯贝尔斯对海德格尔却说了不少的话。他对海德格尔进行了公开的批判，批判的中心在于指责海德格尔把生存现象客观化为存在论本身。他认为，这样说到底就是要求用普遍有效性的意识来规定人的存在；一旦了解了——哪怕仅仅是在形式结构上了解了——现实，那么哲学研究的警世性质以及它对生存的严肃意义就消失了。于是生存哲学便回复到基本科学的形式。对雅斯贝尔斯来说，这意味着向已被

---

① 遗稿。

克服的传统、向所有至今为止的哲学的幻想的回复。他认为，这样做的结果便是对生存哲学的具体化，把它溶解在心理学、社会学和人类学之中，或者便是为人的存在这样一种总体设计奠定基础，这种总体设计被误认为是科学和学说。鉴于这些和另外一些结果，雅斯贝尔斯最终还是把海德格尔的早期思想看作是"一条歧途"。[1]海德格尔后来又向语言的思维做了新的突破，因为他认为语言是存在之家，这个突破在雅斯贝尔斯看来是一种神秘直觉的形式。

但在雅斯贝尔斯看来，所有对海德格尔的批判都可以说只是停留在表面上。他发现在海德格尔严格的科学性的方法后面以及在预告性的语言思维后面隐藏着富于预感的、在他看来具有深刻的沉思性的对存在的思索。尽管这种思索总是满足于一个伟大的传统，但它却始终揭示着某些未被发现的东西，尔后重又因其特有的收缩而掩盖了一切。多年来，他一直竭尽全力地企图全面地把握住海德格尔的这个思想，但又始终不满足去思考他人的想法，因而一直在敬重和指责之间左右摇摆。人们在他身后留下的笔记中可以推测到，他的批判既是对海德格尔的最尖刻攻击，同时也许又是最大的认可。

他愿意在批评之前首先引用西塞罗的《演说家》中克拉索斯所说的一段话："人们已经习惯于把我们二人相提并论，每当人们谈起我们时，他们都必定像法官行使他们的职权那样对我们进行比较。然而我们俩是多么不同……"[2]他认为，"海德格尔和我在个别事情上……甚至在表述上有一种奇怪的巧合"，[3]除此之外，在所有根本问题上几乎全是对立的。关于两人在哲学著述中的地位高下问题，他认为：他们两人的工作都可以看作是当前哲学的努力之一。如果用伟大思想家

---

[1] 《普通心理病理学》，第四版，第649页。

[2] 西塞罗：《演说家》，第三卷，第9页。

[3] 遗稿。

的标准来衡量，他们两人都不够格。如果进行相互比较，那么海德格尔"完成了这样一部著作，它涉及到哲学具体化的艺术、语言的特性、言说的强制力，在这方面他超过了我"。[①] 但是雅斯贝尔斯觉得，他是在一种更全面更促进人们交往的意义上追求着真理，而且他的具体观察范围更广。

还必须介绍一下雅斯贝尔斯与其他思想家的联系：人类学家波尔诺夫、格伦、普莱斯纳和孔兹，社会学家卡尔·曼海姆、阿尔弗莱德·韦伯和亚历山大·吕斯托夫（雅斯贝尔斯在哥廷根读大学时就认识了他），以及在哲学方面有重要影响的自然科学家阿道夫·珀特曼、卡尔·弗里德里希·冯·魏茨泽克，以教会信仰为基础的思想家彼得·乌斯特、卢德格尔·雅斯贝尔斯、格尔哈特·内贝尔，等等。哪里有哲学，哪里就有紧张和对立。对雅斯贝尔斯来说，在一条道路上与他人并肩前进几乎是不可能的，至多只有在交叉路口上相遇。

还应简短地回顾一下他与神学家们的交往。雅斯贝尔斯一生都"暗自渴望着能遇到一位真正的宗教信徒并且能与他进行一场真正的辩论"。[②] 他非常愿意与宗教信徒进行较量，他的基本立场是："世界上凡是用人的语言说出来的东西，一定是可检验的，因而也是可讨论的。"[③] 他怀着愉快的心情挑明了对一个敏感问题的怀疑，这就是：基督上帝具有真实性吗？由这种真实性得出的结论和由正统教义得出的结论一样，对于交往都是灾难性的。但他得到的回答几乎千篇一律。在神学家那里存在着不可讨论的信仰区域，在涉及这个区域时，他们或是做信仰之表白，或是缄口不语。鉴于这一点，他认为这句话很重要："和宗教卫道士们是没什么好谈的。"[④]

---

① 遗稿。
② 书信，1928年5月15日。
③ 书信，1949年11月18日。
④ 《哲学信仰》，第159页。

三 形象

对于雅斯贝尔斯来说，主要有三个神学家的活动是重要的，他们是：马丁·第伯留，鲁道夫·布尔特曼和卡尔·巴尔特。

他与第伯留几乎从未讨论过神学问题，而是从他那里"学到了许多东西，赞赏和喜爱……他的研究的批判性和他完美无缺的品质。"① 布尔特曼是在奥尔登堡长大的，雅斯贝尔斯与他在三十年中只有短暂的接触。1953年雅斯贝尔斯出人意料地激烈抨击布尔特曼将圣经著作去神话化的企图。② 这次分歧是一个典型的例子，说明雅斯贝尔斯在公开的辩论中可以提出几乎是过分的苛求，但他得到答复后，却以一种令人折服的方式，变得几乎是富有涵养、雍容大度、通情达理。他对布尔特曼的第一次攻击同时也使他自己受到了挑战，布尔特曼很容易做出防御性和纠正性的答复。第二次他采取的进攻已经排除了双方谁是谁非的争论，只是要求双方自由交往。对此，布尔特曼至今为止只做了暗示性的答复。

雅斯贝尔斯与卡尔·巴尔特的关系是令人不快的。他早期曾阅读过罗马人信件的基本解释并且时常在专题讨论课上提到它。从一开始他就知道在他和巴尔特之间隔着一条鸿沟，然而他觉得，也许他们同样认真严肃的探索态度把他们二者联系了起来。但是，他错了，巴尔特早已找到了一个真理，对巴尔特来说，真理是确定的，只是要对它进行解释和证明。

在雅斯贝尔斯来到巴塞尔之前，巴尔特曾在他的《独断论》③ 中批判性地评价了雅斯贝尔斯的《人类学理论》与基督教对于人的理解之间的异同。以后他们两人在同一所大学，有时甚至在同一时间教课，雅斯贝尔斯正好在巴尔特的楼上，这时他们之间的隔阂便逐渐

---

① 遗稿。
② 布尔特曼："基督教信仰的奇特之处"，载《神学与宗教杂志》，第55页，（1958年）第185，186页。
③ 巴尔特：《独断论》，第三卷，第二册，第133，134页。

产生了。从少数几次交谈中，雅斯贝尔斯直接地了解巴尔特的观点，即：一切都取决于人化了的和复活了的上帝；雅斯贝尔斯根本不是基督教徒，由基督本质而来的哲学作为科学的实证主义虽然有生存的权利，尽管个别人，包括巴尔特自己，始终对这个哲学怀有感激之情，但是它的末日却早已来到了。至于用来建立天启宗教的火刑，雅斯贝尔斯已经"借助于莫扎特将它禁止了。"①

这时他们俩仍然互相表示对对方的敬意。但以后，巴尔特在《独断论》②中，对那个"魔鬼"，对"无内容、无结果，从根本上说极其无聊的超越"进行了攻击，③虽然文中未提到雅斯贝尔斯的名字。后来雅斯贝尔斯对他进行了回击。也许除了一种下意识的怨恨之外，两人之间还始终互相挖苦，对此，有时连大学生们也意识到了；例如，当卡尔·巴尔特听到楼上讲课传来的跺脚声时，他会说："上面在演雅斯贝尔斯连续剧呢"；④当雅斯贝尔斯听到一些学神学的大学生有时承认，"如果巴尔特不在的话"⑤他们就会来跟随他时，他便回答说："幸好他还在，因为我是不能被人跟随的。"

雅斯贝尔斯在这里倒是找到了一个同样好争吵的宗教信徒。也许雅斯贝尔斯在他身上得知，在宗教事物中，如下这个古老的法规也具有其真理性：melior est conditio possidents（谁拥有，谁就有利）。

在他自己的工作范围之外，雅斯贝尔斯还阅读和了解各个领域中的许多重要科学家的著作。也许他仅仅是对他们的工作表示无限的钦佩，他特别把他们的工作看作是时代的伟大成就。

---

① 书信，1956年5月18日，巴尔特致雅斯贝尔斯。
② 巴尔特：《独断论》，第三卷，第四册，第549，550页。
③ 《面对天启的哲学信仰》，第485，486页。
④ 当时在巴塞尔流行一种以传奇人物卡斯贝尔斯为主角的木偶连续剧，巴尔特借谐音来讥讽雅斯贝尔斯。——译者
⑤ 遗稿。

三　形象

他对同时代的艺术了解甚微。

在音乐家中，他年轻时认识了福特温格勒，后来他与罗伯特·奥伯西尔结交。这两个人之所以引起他的兴趣，主要是由于他们的思想。面对新音乐的发展他一无所知。"我喜欢听音乐，但没有需求，也没有乐感。"①

他了解绘画艺术的全部历史，从年轻时就喜欢看画，并且十分认真。在他看来，绘画史到吐鲁茨－劳特瑞和梵·高就中止了。他认为只有毕加索是当代的一个独特人物。

在他看来，伟大文学的历史随着陀思妥耶夫斯基和施特林格的去世而告结束。尽管他年轻时曾读过格奥尔格和里尔克的作品，但对这两个人都不喜欢。他读过托马斯·曼的一些作品，与他本人仅有过一面之交，后来他读过穆西尔的《无性格的男人》，直到年迈时才读了卡夫卡、布莱希特、贝恩和艾略特的作品。在当代众多的作品中，他只选读了很少的一部分。

为了不仅了解浩瀚的历史，而且也能够概略地把握住当代的趋向，他发明了两种阅读方法：一种是浏览式的极其迅速的阅读；另一种是非常仔细的、非语言学的而是所谓表现心理学式的阅读。对他来说，浏览的方式很重要，可以用它来重新清楚地回想已熟悉的材料或者酝酿一部更大更新的著作。他用表现心理学的阅读方法来熟悉同代人的哲学文献。然后他便根据小的有代表性的经验原则来读这些文献。这种经验是经过深思熟虑的，它必定已经包含了大的经验的所有要素。这种罕见的、身临其境的阅读方式注重了解特殊的表达方式，把它看作是思想家的形象及其思维规律的反映。他把两种阅读方法结合在一起。他匆匆地浏览整部著作，然后认真地深入到较小的章节中。如果这本书没有告诉他什么，他便很快把它扔在一边。这样，他

---

① 遗稿。

非常经济地熟悉了同时代人提供的大量的文献，然而他常常对这种熟悉持怀疑态度。如果有人问起他对一个同时代人了解得如何时，他就会将这种阅读方式与对那些伟大著作的反复阅读进行比较，然后大都说，他对此了解很少。

雅斯贝尔斯是本世纪在德国和世界上拥有最多读者的德国当代哲学家。然而这只是指他的一些较简单的著述而言。这些著述使他受到相当广泛的读者群的欢迎。他的一些术语（临界、交往、暗码、崩溃）已成一般用语。然而主要著作，即哲学著作，则鲜为人知。

人们有时指出，相比较而言，他对大学哲学影响甚微。如果人们以他的哲学是否成为一种学说或一个流派来衡量其影响，那么这种说法是对的。但这个标准恰恰与他的哲学研究背道而驰。这种形式的影响他都不想要。他想引起注意，引起骚乱，引起对话。在大学中他也达到了这个目的，所达到的程度比人们一般所了解的更大。现在已经陆续写出了七十多本关于他的著作以及大量论文。几乎所有这些书对他的著作都不是简单地加以赞同，而是进行批判，这正是他的期望。

雅斯贝尔斯与同时代人关系令人惊异之处并不在这里，而在于这样一个事实中：他与同时代人中的重要人物的接触一般很少，并且对他们的评价一般很严厉。人们也许会寻找其中的原因。最终还是用尼采的话来说明其原因吧："内心深处亢然地对待闪光的东西，冷漠地朝向太阳，——于是每个太阳都变了。"[1]

5. 哲学家

在当代德国哲学中，雅斯贝尔斯是一个独一无二的人物。他从未

---

[1] 尼采：《查拉图斯特拉如是说》，《小夜曲》，载《尼采全集》第十三卷，第136页。

学习过哲学，没有哲学老师。他直到在近四十岁时作为科学家创作了一部根本性著作之后，才开始将哲学作为一门职业。在这条哲学道路上，行家们看到了一个缺陷：缺乏专业科学的训练。实际上这条道路为他在两方面提供了机会。一方面，雅斯贝尔斯了解，什么是科学的研究，他甚至比大多数新实证主义者了解得更多；因为他本人是一个科学家和研究者，所以，他不仅思考过科学和研究，而且明确地把握了它们。另一方面，他不仅有关于哲学问题的知识，而且他从他的生活出发，自青年时代起就从本源上对他在与自己和与世界的交往中遇到的一切进行哲学研究。在他身上有一股进行哲学研究的活的源泉，他的思维不受拘束，这种无拘束性也许会由于任何一种训练而消亡。正因为他没有接受一种专业的教育，没有人教育他哲学必须是怎样的，所以哲学对他来说不仅是一门专业和一个教学对象，而且既是生活又是思维。哲学是他的全部个性。他是哲学家。

所以雅斯贝尔斯创造了关于哲学的新概念，但也许它也是在教科书中被遗忘了的古老的概念。"如果说我知道哲学是什么，那是因为我在它之中生活，而借助于定义，我却不知道它是什么。"① 因此，对他来说，哲学的生动性不在一般定理中，不在一种学说中，而是"在个别生活的充实中"。② 尽管哲学呼唤着个别贵人，但却从不呼唤社会学所说的英杰，它呼唤着所有人之中可能的贵人；因为"人作为可能的生存是思维着的哲学家"，③ 而哲学对每个人来说都有可能是"生命的因子"。④ 因而雅斯贝尔斯在可靠的证明中，可以说是在思维的忠实性中寻找生存，寻找"每个具体的一天"⑤ 的真实意义。对他来说，

---

① 《哲学》，第一卷，第 240 页。
② 同上书，第一卷，第 263 页。
③ 同上。
④ 同上书，第一卷，第 328 页。
⑤ 同上书，第一卷，第 325 页。

所有纯粹思维的产物，想象的产物，在思维中虚构的产物都是不真实的。"任何作为思维的产物在生活中不起作用的东西，都是不真实的思维。"①"我知道，我不仅仅是进行了思考。"②哲学的真实并不在于它是对体验的思考或是对生活的思考。它来自生活并且回到生活，在那里发挥影响。其影响不在于生活智慧方面，而在于建立一种思维方式。这种思维方式期望自由，并且始终同时意味着也期望着他人的自由。正是由于对他人自由的这种期望，哲学才是交往性的，包括它的其它的真理意义也是交往性的：真理就是联系。

这样一种哲学不仅仅是一个"受阻碍的行为者"③的思维，不是对实践的补偿。它作为思维是实践，如雅斯贝尔斯常说的，它是借助于抽象思维和内在行为这两翼所做的腾飞。作为创造物，它并不腾飞，但是它却"引起"④腾飞；它对这种腾飞做出反应。它关注着：它思考的东西有何结果。

尽管雅斯贝尔斯在当时没有任何哲学老师，但他却找到了许多昔日的哲学老师。"他把大哲学家们当作老师。""我们拥有思维的传统，我们可以沿着这个传统向上攀登。"⑤他认为这种传统来自那些最伟大的人物。与他们相比，当代的思想显得非常渺小。那些奢望与这些伟大人物相媲美的人是可笑的。说到底，当代思想的意义仅仅在于：让人们不要忘记真正伟大的过去的思想，它们已经把握了所有关键问题。他认为，他的任务在于通过他对过去时代的思想的解释来提醒人们注意这些思想。鉴于这一点，他把自己看作一个"忠实地保管信托

---

① 《哲学》，第一卷，第 325 页。
② 遗稿。
③ 《希望与忧虑》，第 368 页。
④ "答复"，第 830 页。
⑤ 《真理论》，第 24 页。

三 形象

物的财产托管人"。① "我常常意识到,我自己的微不足道的哲学研究的意义仅在于,更好地理解大哲学家。并且在根本的概念上更接近他们,以便能将那些在当今现实中所经验到的和所希望的东西化为语言。"② 此外他还坚定地说:"我不提供任何新哲学。"③

在这个意义上来说,他完全是一个与当时时代不合拍的思想家。他一方面完全以生存的当下为出发点,另一方面,却完全以思维的过去为目的。对几个过去的人物,他保持着终生不渝的忠诚。这常常使人产生这样一种印象,就好像他无非只是第二个克尔凯郭尔,只是没有克尔凯郭尔那种笃信宗教的虔诚;或者,只是第二个康德,只是缺乏康德那种对一种科学哲学严格性的责任感;或者,好像他既是克尔凯郭尔又是康德,但却又与他们两人相距甚远。因为他没有提出他们两人的思想,而只是仿效他们两人的思想。但是人们考察的结果却常常是:雅斯贝尔斯尽管从克尔凯郭尔和康德那里学到了许多东西,但最终却几乎没有接受他们二人的任何东西。所有那些学到的东西都重新有了变化,变成了他本人的思想,他之所以要感谢伟大的思想家们,是因为他改变了他们的思想,使这些思想能够切合时代,为当下的生存服务。这位与时代不合拍的思想家却使过去的思想家们变得符合时代了。

在雅斯贝尔斯的这种谦逊中还包含着双重的要求。为了使大哲学家成为活生生的当下,他仿佛把这些哲学家们变成了同代人。他勇于进入他们的房间与他们进行交谈。在那里,他哪怕只是坐在"一个角落里",也会知道,他在他们那里的"方式和大多数同代人在那里的方式是完全不同的,……和他们进行交往,这是一种什么样的要求

---

① 《原子弹与人类未来》,第282页。
② 遗稿。
③ 遗稿。

呵！"① 他是在追随着这些伟大的思想家们进行思维，吸取他们所有的思想，借助于他们来启迪自己的思维。这样，他自己的思维便达到了一个足以容纳所有过去的思想的广度，他的思维是开放的理性，它包容了以往的思维，是以往思维的必然结果。"我把我的思维看作是迄今为止西方思想的自然的和必然的结果，是根据一项原则做出的天然综合，这项原则能够将任何具有某种真理意义的东西都容纳到我的思维领域中来。"② 也许，他的思维之新就新在，它认为自己没有任何新的东西。雅斯贝尔斯是一位在迄今为止的哲学史上开辟了"可能性的最广阔空间"③的思想家。尽管他的视野由于充实了至今已有的思想和看法的积极内涵而广袤无比，可是他仍然能够将它重新集中于他认为的关键性的现实——生存、交往、自由——这个焦点上，无限的开放性与高度的集中性紧密结合在一起。

  雅斯贝尔斯在进行思维时始终注意着，防止这块领域重又丧失。从集中性来看，他的思维是体系的思维；而从开放性来看，他的思维又是永远不能成为体系的思维。对于他来说，将所有的思维以一个原则为基础，建立一个交往的体系，从而创造出一门"新"哲学，这些应当是轻而易举的事，雅斯贝尔斯偶尔也有这样的企图。但他深知，所有这种企图都将会使思维变得狭隘；因为思维不仅仅只有一个原则，一个基本问题，一个始基，现实不仅仅只有一个焦点，它们都是无数的、开放的。他既把他的思维集中在生存概念上，后期也把它集中在大全概念上，集中在哲学信仰的原则、交往的意愿、对世界的关注中。他创造了诸多的哲学，就好像他想说：谁决定创造一门"新"哲学，那么就只有同时创造许多哲学才能突破这门哲学的狭隘性，因

---

① 书信，1948年8月17日。
② 《真理论》，第197页。
③ 《哲学引论》，第15页。

为只要试图使一门哲学具体化，那么随之而来的便是这样一种永恒哲学（philosophia perennis）。他认为，那种以为使一门哲学具体化的企图便是这多元哲学本身的想法，是古代形而上学家们的一个伟大而富有创造性的幻想，他看清了这一幻想，其代价是丧失了形而上学的天真。"……我们失去了天真。"①

那么此外还剩下些什么呢？这便是哲学的观念，它永远达不到，永远只是一个法规；其次还有哲学活动，它始终不渝地在通向这个观念的道路上跋涉。因此他也可以说：我进行哲学活动，我不提供哲学。他从哲学是一个过程这个古老的思想中推出了最极端的结论。他将哲学的目的置于无限之中。只有在无限中他才获得了依靠。他"不让自己丧失"②超越，并且不让这个超越对象化，以免自己强行地将某个中间阶段说成是目的。

因此他将任何独断论都视作思维的腐败，无论它是宗教的独断论，还是社会学的、心理学的或哲学的独断论。"如果我们的事情被独断论化并且作为事业而存在，那么它就算完了。"③他自己一生都在禁止任何形式的独断论思维。甚至在哲学内部的严格演绎在他看来也是可疑的。哲学界的同行大都以创作出凭借逻辑而具有某种强制力和征服力的著作而自豪，他却认为这种自豪感会使人误入歧途。这条歧途把人们引向充满了空无意义的陈词滥调。他抛弃了这条单向的道路而回到充满循环、矛盾和背谬的道路上。因为思维只有通过在真理方面的失败并且在失败中仍然保持对自由、对现实的开放状态，才能保持活动。只有这种开放状态才能拯救哲学，使它不致于堕落为意识形态。

---

① 《哲学》，第三卷，第 160 页。
② 同上书，第一卷，第 XXXIV 页。
③ 书信，1931 年 12 月 24 日。

这种愿望渗透了他的思维，直至每个概念用语。他很少单一的规定概念。这些概念是闪烁不定的、生成变化的。思维在这些概念中以及借助于这些概念而始终是开放的、不安宁的、自然的、不可确定的、灵活的、变动的。

　　这并不意味着，他一生对思维谨小慎微、亦此亦彼，恰恰相反。他的领域与一种特殊的、明显的极端性联系在一起。"谁想真实地生活，他就必须敢于犯错误，敢于做违背常规的事；他就必须敢于将事物推至极端，这样才能真实和现实地对事物做决断。"① 但是这种极端性决非是指雅斯贝尔斯固执地坚持某个原则。他的极端所指的是：他知道，客观上不存在一个对所有思维而言的根。他的极端性因而是怀疑论的一种形式，它不会给思维带来任何阻碍。他敢于冒险前进，暴露自己的弱点，直至做出有悖常理的事。他的态度是，问题不在于保持合理，而在于有勇气向着未被人把握的真理迈进，直至达到最极端的境地。由于这种开放性，他作为一名思想家直至皓首之年仍然孜孜不倦地学习，并且他的学习充满了一个热忱的研究者所具有的激情。例如，他后期很迟才阅读了罗莎·卢森堡的著作。他在看见卢森堡的那种独立性、她的伟大的勇气和对自由的真实愿望时，马上准备修改他当时对共产主义的所有看法。在步入风烛残年之后，他并不因为有几部著作只能作为残稿留给后人而烦恼，而是苦于不能再次从头开始进行思维。"我多么希望能变得重又年轻起来并能把一切重新思考一番。"②

　　在这个意义上来说他是一位人们无法确定的思想家。他是一位对实在有着强烈的欲望并且时时渴望着现实的思想家；同时，这位思想家的兴趣却又在于"逃离开这个世界，逃离人和朋友，以此来换取那

---

① 《哲学》，第二卷，第69页。

② 对话录。

无限之光，换取那填不满的深渊"；①他是一个浪漫主义者，同时又是一位远离现代社会魔力的现代人；他是一个维护传统的人，同时又是一个改变传统的人；他是一个道德主义者，同时又是一个不相信任何普遍道德律令的人；他是一个非理性主义者，同时又承认只有理性才是普遍有效的；他是一个把目光关注在那个一上的一元论者，同时又是把这种关注的目光展开来的多元论者；他是一个坚定的启蒙者，同时又是一个信奉自己的信仰并且将此信仰作为信仰加以赞同的思想家；他是一个不安宁的人，同时又是充满了内心矛盾、默默寻求着安宁的人；他是一个被动地接受自我变化的人，同时又是一个主动地把握那些使生存成为可能的人；他是一个想从思维引出生活的哲学家，同时又是一个不"给"生活以任何引导的哲学家。他究竟是什么样的人，完全"依据一定的思维关系"。就此而言，他是一位自相矛盾的思想家，他什么都是又什么都不是，像理性那样空泛无物而又包罗万象。也许人们只能根据一句话来确定他："生存不是无超越的。"②这不仅仅是他的信仰的公理，而且是他思维的明智的基本原则，这个原则是剥去所有有限性的外壳而重新确立的。

人们应当如何来批判这个如此不可把握的雅斯贝尔斯呢？当然，只要人们把他的许多极端言论理解为他的看法或信条，那么它们无疑为人们提供了一些把握的根据。但实际上所有这些言论后来又被他放弃了。如果人们想批判这些言论的话，那么这种批判在他自己那里就可以读到。那种通常的批判，对他的矛盾之处和同语反复的指责对于他是不着边际的，因为这种思维形式在他那里具有积极的性质。如果有人想提醒他将其思想在一个体系中系统化，那只能说明此人根本不理解他的思维方式。只有那种从另一种思维的基本意愿出发，对他提

---

① 书信，1949年8月7日。
② 书信，1951年10月19日。

出彻底的怀疑，才可能是根本性的批判。尽管雅斯贝尔斯所受到的几乎完全都是批判。但是，上述这种根本性的批判才刚刚开始。他曾报怨他所受到的所有批判都不够彻底。

雅斯贝尔斯这位思想家，既同他最亲近的人绝对地联系在一起，又同十分遥远的某个东西联系在一起。在这两者之间隔着一个无限的空间，在这里，他没有集体的安全感，不代表任何人。他生活在独立的思维中，这也意味着：他作为思想家是孤独的。"我的交往哲学研究与所有其它现代的努力相分离，因而实际上它不正是最孤独的哲学研究吗？"[①] 他敢于独自一人向着那个将人联系起来的真理迈进，这便是这位背谬的思想家的最终的背谬。

---

① 《哲学》，第一卷，第 XXXIX 页。

雅斯贝尔斯生平及著作年表

1883年2月23日,卡尔·特奥多尔·雅斯贝尔斯出生于奥尔登堡。

1892-1901年,就读于奥尔登堡文科中学。

1901年,中学毕业——跟随巴登威尔的阿尔伯特·弗拉恩克尔学习疾病诊断术。

1901-1902年,在海德堡上大学,学习法学。

1902年,在慕尼黑学习法学。旁听克拉格斯-西尔斯-马丽雅的笔迹学课程。决定学习医学。

1902-1903年,在柏林学习医学。

1903-1906年,在哥廷根学习医学。

1906-1908年,在海德堡学习,并结束学业。

1907年,结识格尔特鲁德·迈耶。

1907-1908年,国家考试。

1908年,获得医学博士学位,论文题目为《思乡与犯罪》。

1909年,获得医生开业许可。

1909-1915年,在海德堡心理病院作助理医生。

1910年,结婚。《嫉妒狂》,《"人格的发展"或"过程"?对问题的评论——智力测验的方法和痴呆概念》。

1911年,《错觉分析(真实性和实在性判断)》。

1912年,《错觉——心理病理学中的现象学研究方向》。

1913年,在文德尔班那里申请并通过大学心理学任教资格考试,论文题目为《普通心理学病理学——早期痴呆症(精神分裂)时的命运与心理病之间的因果性和"可理解"的联系——论真实的意识性(意识错觉)。心理病理学的基本象征》。

1916 年，任海德堡大学心理学副教授。

1919 年，《世界观的心理学》。

1920 年，与海德格尔建立友谊——任海德堡大学哲学副教授。

1921 年，拒绝格拉夫斯瓦尔德和基尔的招聘——任海德堡大学专任正教授——"马克斯·韦伯"（悼词）——任尼德兰心理诊疗学与神经学学会名誉会员。

1922 年，任海德堡大学哲学教授（继海因里希·迈耶之后）——维也纳实用病理学和心理学协会通讯会员，——《施特林贝格和梵·高》。

1923 年，《大学的观念》。

1928 年，拒绝波恩的招聘。

1931 年，《时代的精神状况》。

1932 年，《哲学——马克斯·韦伯》。

1933 年，被排除出学校管理机构。

1935 年，《理性与存在》。

1936 年，《尼采》。

1937 年，被免职——《笛卡尔》。

1938 年，《生存哲学》——被禁止发表作品。

1939 年，收到去巴黎任研究员的邀请，但拒绝了。

1940 年，父亲去世。

1941 年，母亲去世。

1941-1942 年，受邀去巴塞尔作为客座讲师，但夫人被禁止与之同往，因而遭到雅斯贝尔斯的拒绝。

1945 年，重新被任命为大学首席评议员。

1946 年，任名誉评议员，《普通心理病理学》（新版），《罪责问题》——《大学的观念》（新版）。

1947 年，日内瓦世界哲学大会上与格奥尔格·卢卡奇发生争论——获美茵河畔法兰克福市颁发的歌德奖金——任洛桑大学名誉博士、高级讲师——《真理论》。

1948 年，迁至巴塞尔。接受聘请做保尔·荷贝林的继任者——《哲学信仰》。

1949 年，受库提乌斯抨击——《论历史的起源与目的》。

1950 年，《哲学引论》——《我们时代的理性与反理性》。

1951 年，《总结与展望》。

1953 年，任海德堡大学名誉博士教授——任德国神经学和神经病治疗学学会名誉会员。任维也纳心理诊疗学普通医学学会名誉会员。——《作为哲学家的利奥那多》。

1954年,《去神秘化问题》。

1955年,《谢林》。

1957年,《大哲学家》。

1958年,获德国图书业和平奖——任达姆斯塔特德国语言和诗歌学院名誉会员。——任波士顿美国艺术和科学学院名誉会员——《原子弹与人类未来》——《哲学与世界》。

1959年,获伊拉斯谟奖,任巴黎大学名誉博士,任日内瓦大学名誉博士,高级讲师。

1960年,《自由与重新联合》。

1961年,退休——《大学的观念》(新版)。

1963年,获奥尔登堡基金会奖金。成为奥尔登堡市名誉公民,任马德里医学学会名誉会员,拒绝联邦共和国勋章。

1964年,获[德国非官方的]"功勋"(Pour le mérite)勋章,任伦敦英国医学－心理学联合会名誉会员,比利时皇家科学院成员,雅典科学院名誉会员。

1965年,获列日国际和平奖——《哲学思维的小学校》——《希望与忧虑》。

1966年,任美国心理病理学学会名誉会员——"联邦共和国向何处去?"。

1967年,获巴塞尔公民权,退还德国护照——"答复"——《命运与意志》——《哲学文集》。

1968年,《获取与争论》。

1969年,2月26日逝世;同日夫人九十岁生日——《煽动》。

再版后记

这部雅斯贝尔斯的思想传记是我与师兄张继武在25年前合作的产物，在当时甘阳主编的"文化：中国与世界"丛书（三联书店，1988年）中出版。如今已经全然记不得当时接受这一翻译任务的前因后果，也不知翻译任务的分工是如何进行的，但书中的一些核心内容仍然潜伏在脑海中，常常会择机冒出来显露一番。加之机缘巧合，后来在德国读书时还有幸听过该书作者汉斯·萨尼尔本人的报告，并向他提问过雅斯贝尔斯哲学的问题，因而雅斯贝尔斯一直是自己无法忘怀的思想人物。前几年在柏林参加一次雅斯贝尔斯国际会议时为关于雅斯贝尔斯灵异学（Dämonologie）的会议报告而重新探讨过这位思想家，这段时间为撰写胡塞尔的思想传记也在重新梳理胡塞尔与雅斯贝尔斯的关系以及后者在现象学的心理病理学方面的思考与实践，其间都曾或多或少地诉诸了这部小册子。书中雅斯贝尔斯所提出的一切都是心灵的、都可以通过心理学而得到说明与理解的主张，他对精神、心灵与人格的划分，对理解的心理学与说明的心理学的区分，对逻辑实证主义把理性缩小为知性的批评，对弗洛伊德混淆理解与说明以及逃避了对他本人的梦的分析的指责，还有对理性空间的世界哲学史的构想，他的讲演艺术与写作艺术，以及如此等等，都一再给我思想上的强烈触动与启示。——所有这些，都可以归结为我与雅斯贝尔斯的精神对话与思想因缘的演绎。

于是一再想到要将此书再版。

为了此次再版，笔者通读了全书，纠正了其中一些明显的误解，消除了一些明显的差误，理顺了一些表达，添加了一些译注，并按照通行的译名或自己今天的理解修改了原先的翻译，尤其是将"psycho-"的翻译统一改为"心理"，从而"Geist"一词保留"精神"的译名，以及如此等等，目的都是为了使这篇译作能够提升到目前的理解水平。但由于这些年来在对雅斯贝尔斯思想的认识方面进步甚微，因而在目前的理解水平中必定也仍然会留有差错与谬误，敬请方家不吝赐正。

倪梁康

2013 年 4 月 15 日初稿于中大园西区

2020 年 10 月 12 日定稿于杭州武林门

图书在版编目（CIP）数据

雅斯贝尔斯传 /（德）汉斯·萨尼尔著. 张继武，倪梁康译. — 北京：商务印书馆，2022
（世界名人传记丛书）
ISBN 978 - 7 - 100 - 20508 - 5

Ⅰ.①雅… Ⅱ.①汉… ②张… ③倪… Ⅲ.①雅斯贝尔斯（Jaspers, Karl 1883—1969）— 传记　Ⅳ.①B516.53

中国版本图书馆CIP数据核字（2021）第236842号

权利保留，侵权必究。

世界名人传记丛书
雅斯贝尔斯传
〔德〕汉斯·萨尼尔　著
张继武　倪梁康　译

商　务　印　书　馆　出　版
（北京王府井大街36号　邮政编码100710）
商　务　印　书　馆　发　行
北京新华印刷有限公司印刷
ISBN 978 - 7 - 100 - 20508 - 5

2022 年 3 月第 1 版	开本 710×1000　1/16
2022 年 3 月北京第 1 次印刷	印张 13½　插页 1

定价：63.00元

世界名人传记丛书（新版）已出书目

巴尔扎克传	〔法〕亨利·特罗亚
林肯传	〔美〕本杰明·P.托马斯
维多利亚女王传	〔英〕里敦·斯特莱切
爱迪生传	〔苏联〕拉皮罗夫-斯科勃洛
柴可夫斯基传	〔德〕克劳斯·曼
巴赫传	〔德〕克劳斯·艾达姆
茜茜公主	〔奥〕布里姬特·哈曼
哥伦布传	〔美〕塞·埃·莫里森
马拉传	〔苏联〕阿·列万多夫斯基
杰斐逊自传	〔美〕托马斯·杰斐逊
托克维尔传	〔英〕拉里·西登托普
罗素自传（全三卷）	〔英〕伯特兰·罗素
亚当·斯密传	〔英〕约翰·雷
逃亡与异端——布鲁诺传	〔法〕让·昊西
西塞罗传	〔英〕伊丽莎白·罗森
罗斯福	〔美〕詹姆斯·麦格雷戈·伯恩斯
法布尔传	〔法〕乔治-维克托·勒格罗
肖斯塔科维奇传	〔俄〕л.B.丹尼列维奇
上帝难以捉摸：爱因斯坦的科学与生平	〔美〕派斯
居里夫人传	〔法〕艾芙·居里
罗伯斯庇尔传	〔法〕热拉尔·瓦尔特
恺撒评传	〔苏联〕谢·勒·乌特琴柯
拿破仑传	〔苏联〕叶·维·塔尔列
爱德华·萨丕尔——语言学家、人类学家、人文主义者	〔加〕雷格娜·达内尔
福泽谕吉自传	〔日〕福泽谕吉
哈耶克评传	〔美〕布鲁斯·考德威尔
怀特海传（全两卷）	〔美〕维克多·洛
莫泊桑传	〔法〕亨利·特罗亚
彼得大帝传	〔苏联〕B.B.马夫罗金
黑格尔传	〔美〕特里·平卡德
苏格拉底传	〔英〕A.E.泰勒
奥古斯都	〔英〕特威兹穆尔
罗马皇帝尼禄	〔英〕阿瑟·韦戈尔
达尔文回忆录	〔英〕查尔斯·罗伯特·达尔文
雅斯贝尔斯传	〔德〕汉斯·萨尼尔